部長の資格

アセスメントから見たマネジメント能力の正体

米田 巖

講談社現代新書

2236

はじめに

部長は組織文化のバロメーターです。わざわざ意識調査をしなくても部長を見ればその会社がどんな体質かがわかります。その会社が統制的か民主的か、規律性志向か創造性志向か、個立的か協働的か、活力があるのかないのか……。実際のところ数人の部長を見ればその組織の特性はおおよそ摑《つか》めます。

さらに部長が果たしている役割、マネジメント能力は課長と比べて格段の違いがあるかどうか、などが見えてくることで、その会社が持っている力や将来の発展可能性さえも窺《うかが》い知ることができます。

会社によって差が大きいのも部長という役職の特徴です。一般的には、部長は多くの関門をクリアしてきているのだから粒が揃《そろ》っているはずだと考えられているかもしれません。しかし実態は必ずしもそうではありません。むしろ課長よりも部長のほうが玉石混《ぎょくせきこん》交《こう》ぶりが目立ちます。

その理由として、部長クラスのほうがまだ年功序列制度の名残《など》りを引きずっていたり、課長クラスと違い、「ヒューマン・アセスメント」を受けていないケースが多いことがあげられます。ヒューマン・アセスメントというのは、人材の能力評価、つまり「言動特性評価」のことです。これは業績評価や知識や技術のテスト、性格テスト、適性テスト、知能テストなどと異なり、行動、発言、文書、態度・姿勢など、およそマネジメントの場面で示される、観察可能なあらゆる「言動」を対象としてその特性を観察評価し、それがマネジメントの目的達成にどう効果的であるかを測るものです。

なぜ言動特性に注目するのか。それは**言動特性こそが、マネジメント能力をいちばん正しく反映するもの**だからです。すでに課長クラスでは、ヒューマン・アセスメントを受けることは、常識となりつつあります。

では、なぜいままで肝心の部長にはヒューマン・アセスメントをあまりしてこなかったのでしょうか。部長クラスへの遠慮や、課長昇格時に一度チェックしているから大丈夫だろうという思い込み、あるいは信頼に足るアセッサー（アセスメントをする専門家）や機関が少ないなどといった問題が考えられます。

実は**ビジネスマンの四〇代は能力が大きく変わる時期**です。人によっては、四〜五年でガラリと様変わりすることも珍しいことではありません。この時期は多くの会社でちょうど課長から部長に昇進する時期に当たりますが、課長として成長が頭打ちになる人もいれば、逆に短期間に大化けする人もいます。それというのもこの時期は、単なるリーダーあるいはプレーイング・マネジャーではなく、定型的な業務あるいは専門的な業務を超えて、未知の難しい課題に出合いやり遂げなければならない、本来の意味でのマネジメントの機会が増えてくるからです。

こうした部長のミッションを遂行《すいこう》するためには、課長とは全く異質のマネジメント能力が新たに要求されます。ところが多くの組織では、課長の〝入学試験〟とその後の課長としての実績といういわば、課長の〝卒業試験〟をパスしただけで部長に昇格させているのです。

もちろん世の多くの部長は、難しいマネジメント課題に挑戦し、さらなる能力の自己開発に努め、期待に応えているわけですが、そうでない部長も少なくないのが実情なのです。加えて部長ではプレーイング・マネジャーが少ないので、彼がマネジメントによってどんな付加価値を産んで組織に貢献をしているのかなかなか見えにくい状況もあります。困った部長が生まれ、降格することもなく、しぶとく生き残ってきた理由の一つがここにあります。これが会社にとり、大きな損失となっていることは、言うまでもないでしょう。

本書の流れを簡単に記しておきます。まず第一章では様々なタイプの困った部長を大きく四つのグループ、一八タイプに分けて取り上げます。

一つ目のグループは、的確な意思決定ができない部長たちです。論理的に問題解決できない、決断が下せない、環境を読んで戦略を構築できない、などです。意思決定の能力が不足するとマネジメント全般に自信が持てず、成果も覚束《おぼつか》ないことになります。

二つ目のグループは、計画・管理がきちんとできない部長たちです。計画・管理については、課長時代に十分機会があるので問題のある部長は比較的少ないのですが、中には単純な段取り屋にとどまり、仕事の優先順位のマネジメントが不在であったり、プロセス管理が不適切であったりして、部の業績が伸びないケースがあります。

三つ目のグループは、対人能力に問題のある部長たちです。一つはチームに影響力を及ぼしてチームを機能化させ、ターゲットに向けて方向づけをするリーダーシップに問題があるケースです。もう一つはコミュニケーション、特に傾聴など情報の受信に問題のあるケースです。

四つ目のグループは、個人特性の面で様々な問題を抱える部長たちです。例えば、より大きな成果への執着心、困難への挑戦意欲、ストレスに影響されない力、自己責任意識、あるいは持続力や誠実性などに問題があるケースです。

これらの困った部長の例を通して、近年大きく変わってきた部長の役割の変化を知ることができます。

第二章では、部長の役割は何なのか、課長とどこが違うのか、そもそもマネジメント能力とは何か、について整理しています。

部長のイメージは、もともと与えられた部の目標の達成を管理統制する人でした。しかし近年、経営環境が厳しさを増す中で管理職層や間接部門の生産性革新が問われるようになり、状況はだいぶ変わってきました。つまり部長は所管部門の管理統制者から、部門ミッションを遂行するには不可避となってきた部門革新の責任者として位置づけられるようになってきています。部長は全社の目的を踏まえて、所管する部門をより合目的的で効率的な組織に変え、より大きな付加価値を産み出す役割が求められるようになりました。そのような役割を遂行する能力とは何か、また課長の能力との違いはどこにあるのかを明らかにします。

第三章では優秀な管理職の証《あかし》と見なされている一般常識が実は間違っているケースを取り上げます。マネジメント能力を細かく分ければ五〇以上ありますが、代表的なものとしてリーダーシップや問題分析力があります。例えば一般的にできる部長はリーダーシップに富んでいる、などと見なされますが、それは必ずしも正しいとは限りません。その部長にリーダーシップがあるかどうかはそのリーダーシップが何を指しているのか、さらにその組織なりその仕事にとって本当に必要なのか、効果的なのかで決まります。定義と状況によってはリーダーシップが無用であったり、かえって有害になることもあります。そうした常識と逆説を取り上げ、素朴かつ無条件に特定の能力を絶対視する危険に触れています。

そして最後の第四章では、部長の能力開発にフォーカスして、実際の能力開発のステップと方法を示しています。本書のいちばんの狙いはあなたのマネジメント能力の開発に役立ててもらうことです。また、組織で能力開発に携《たずさ》わる方々の参考に供したいと思います。多くの能力開発支援のコンサルティング経験を踏まえて、実践的で勘所を押さえた整理をしたつもりです。読み進むほどに「アッなるほど!」と気づき、そういうことなら自分でもやれそうだと自信が湧き、能力開発の第一歩を踏み出すことができるものと期待しています。能力開発とは自分の言動を変えることです。状況に合った効果的な言動を身につけ、タイミングよく発現することです。ぜひ挑戦してみてください。そして自分の可能性に賭けてみてください。新しい世界、豊かな人生が拓《ひら》けるはずです。

筆者はいままで四〇年余にわたって経営コンサルティングに携わってきました。

主なテーマは人づくり、つまり組織・人事領域で、ここ二〇年は特に人材の能力評価と能力開発を主題とするヒューマン・アセスメントを中心にしています。この分野では先輩のヨーロッパとアメリカのアセスメント・スキルを学び、これに日本の事情を加味して独自の工夫を重ねています。アセスメント対象は管理職層です。管理職一人ひとりのマネジメント能力を測定評価し、さらなる開発を支援しようとするものです。アセスメントのクライアントはほとんどが上場企業で、十数業種、延べ三五〇社にわたり、直接観察評価した人は延べ四二〇〇名に及びます。その多くは課長、部長クラスですが、一部には取締役など大手企業の経営トップ層も含んでいます。

この本は、このような筆者の経験から得た情報や筆者なりの仮説を取りまとめたものです。読者はビジネスマンを想定しています。特に上級管理職の部長に焦点を合わせ、彼らの仕事ぶりや様々な言動特徴を取り上げ、彼らのマネジメント能力とその開発方法をわかりやすく解説しています。

目次

第二章　部長の役割と必要な能力 ―― 103

第一章　あなたの周りの困った部長

第一章では、よく見かける困った部長を四つのグループ、一八タイプに分けて紹介します。いずれもこれまで私がコンサルティング活動で出会った人たちをもとにパターン化したものです。彼らは、業界、業種や組織の大小を問わず見受けられ、一部上場のトップクラスの企業であっても例外ではありません。

困った部長には何らかのマネジメント能力が不足しているわけですが、それは大きく四つの能力領域別グループに分けられます。まず、「**考えてマネジメントする能力（狭義の意思決定能力と計画管理能力）**」に問題のある場合（①）、（②～⑦）、次いで「**人を活かし、組織を機能化させる能力（対人・対組織マネジメント能力）**」に問題のある場合（⑧～⑬）、最後に「**能力全般の基盤になるような個人的特性（パーソナリティ）**」に問題のある場合（⑭～⑱）です。

彼らには、それぞれ困った部長に特有の言動特性が見られます。言動特性に着目するのは、それがマネジメント能力を正しく映し出すからです。ある能力が不足しているために効果的でない、または不適切な言動、あるいは困った言動が表れるのです。

最後に、不幸にしてこのような困った部長を上司に持ったらどう対応すればよいかについても簡単に触れています。

なお各タイプの冒頭に決まり文句やよく観察される言動例を七つあげてあります。もしそのうち四つ以上が当てはまれば、その人は困った部長の疑いがあります。チェックしてみてください。

①非常時に弱いタイプ

このタイプの部長は複合的な問題を抱えている場合が多いのですが、よく見られる言動例には次のものがあげられます。

- ●危機の全容を迅速に把握できない。目標とする全体像、方向づけを迅速に構想できない。当面の緊急課題を迅速に構築できない。
- ●細部の実態把握や、より多くの情報収集に囚《とら》われ、完璧を目指して、いたずらに時間を費やし、必要に迫られても踏み出せない。
- ●自分の責任になることを覚悟したうえで迅速に決断するリスクテイキングをせず、決断を先送りする。あるいは決断を避け、理由を見つけてその場から逃げ出す。
- ●部下に丸投げしたり、安易に上司に伺《うかが》いを立て、自分が決められない言い訳をして下駄《げた》を預ける。情報を上下に流通はさせるが、主体的に判断を示し、アクションを起こそうとはしない。
- ●イレギュラーに弱い。所定の手順に従って行う仕事はむしろ優良であるが、規定になじまない変則的な仕事やステレオタイプでない目新しい問題には臨機応変に対処できない。
●困難やトラブルに遭遇《そうぐう》しストレスを受けると、いつもの安定した仕事ぶりが狂ってあたふたする。
優先度判断や手順が不適切になる、あるいはイラつく、感情的になる。
●時間的ロスが許されない状況でも総員の合意を気にして独断専行ができない。自《みずか》らの信念と自信を漲《みなぎ》らせて集団に対して影響力を行使することができない。

このタイプの特徴を要約すると次の通りです。

平時には強いが非常時には弱い。何事もなく平常に事が進んでいるときは仕事ぶりに何の問題もなく、むしろ優良な部長であるが、一旦事が起こって、非常事態に陥ると、まるで機能しない。つまり危機的な状況や、ビッグチャンスのような変則的な事態に直面すると的確に対応できない。リスク防止や現に発生してしまった危機に対する統治力が弱い。根本的には混沌の中でスピーディに全体を把握し、推論し、リスクやチャンスを洞察《どうさつ》し、課題を構想・構築する、いわゆる論理的考察力が不足している。大組織・集団に対する影響力も十分ではない。

こうした部長のマネジメント能力に関わる特徴的な問題を七つあげてみましょう。

(1) 迅速性の問題

一般に未経験の問題、困難に対応するには経験値、経験則に頼れないので、事実関係の把握をし、論理的推論を働かせ、洞察、予測、分析、判断するしかありません。この点は非常時も平時も同じです。

ただ非常時のマネジメントの難しさは、例えば情報収集と論理的推論を俎上《そじょう》に載せてみるとよくわかります。平時には多くの事項について必要十分な情報を集め、納得できるまで突き詰めることが可能ですが、非常時ではその時間的余裕がありません。判断のタイミングを失すればゼロもしくはマイナスになるのです。非常時のマネジメントには並外れた論理的考察力、いわゆる意思決定能力が必須です。

次いで実行段階では構想・計画・作戦立案、決断、実行、調整、説明、影響力行使（命令ないし説得）などの一連のマネジメント行動が要求されますが、これらもまた迅速性を優先させながら効果性、正確さ・的確さ、訴求力に折り合いをつけていかざるを得ません。

(2) 優先度判断の問題

スピード感のあるマネジメントは迅速な意思決定と迅速な実行の両側面がありますが、

非常時では前者の迅速な意思決定が鍵を握っています。迅速な意思決定をするには迅速な分析・予測と大胆な優先度判断が欠かせません。つまり決定要因は何か、肝心要《かなめ》の問題は何か、最優先すべき対策は何か、を見極める力です。ここがまさに勘所です。重要な2を知って全体の10を洞察する、つまり8は捨て去る思い切りが必要です。これが優先度判断の際の「二八の原則」の実践です。

これには前述の素早い論理的考察力・判断力と果断性が必須です。これがなかなか難しいのです。平時には情報の収集、分析をきちんと手順通りこなせばよいのですが、非常時は突発的、想定外のため混乱し、平時の情報ルートは機能しません。加えて情報は本来煙と同じで上に行けば行くほど薄まっていくものです。

情報不足は避けられず、かくして非常時にはネックになり怪物となる「正確な実態把握」が常に立ちはだかるのです。つまりいつまで経《た》ってもさらなる情報収集に囚われ、迅速な全体把握と中核問題の見極めにたどり着けないのです。平時に優秀なマネジャーやトップほどこの怪物にやられてしまい、平時に染み付いた、「事実関係をよく確かめてからお答えします」「実態をしっかり把握したうえで適切に対処します」を繰り返し、対応が遅れます。

(3) 決断力、リスクテイキングの問題

決断力とは適時に適切に意思決定をすることです。タイミングが鍵で、不確実な状況下でも必要に迫られれば果断に決めることです。これは意思決定の迅速性にも直接関わる能力です。リスクテイキングは自らの責任を覚悟し、リスクの大きさを推し量り、想定したうえで意思決定することです。これは為政者、経営トップ、管理者はもちろん、評論家にあっても責任ある人たちが共通して装備すべき能力です。この決断力、リスクテイキングを迅速に発揮できるかどうかが非常時での対応力を左右します。

リスクテイキングは、平時においても様々な危機やチャンスに対応する際に必要です。しかし、非常時のリスクテイキングは平時とは比べようもないほど巨大で、かつより強く迅速性を求められる点に違いがあります。その重みに耐えられない人は意思決定をためらい、先送りし、誤魔化《ごまか》し、逃げ出してしまいます。

(4) 自律意識と主体性の問題

目的意識、役割意識、結果責任意識の不足です。事があまりにも重大であればあるほどそこから身を引いて、部下に丸投げしたり、思考放棄して上長に安易に下駄を預けるケースがそうです。こうした例は大組織やワンマン組織でよく見かけます。組織の基本的使命

に対する役割意識や万難《ばんなん》を排して自らの力で何とかしようとする目的志向性などが不足しています。つまり管理職として真に自立していないのです。結果に対する責任を自分事として認識し受け止められないと迅速な意思決定や行動は実現できません。官僚型大組織では非常時に全く無力な人、むしろその存在が迅速性の障害になるという人物が見受けられるのは残念なことです。

(5) 適応力の不足の問題

適応力というのは環境の変化を読み取り、それに合わせて自らの行動を合目的的に変える能力です。所定の業務手順やマニュアルに沿って行う定型的な仕事は適応力を削《そ》ぎます。問題解決型の仕事であっても比較的類型化したステレオタイプのものに慣れてしまえば同じです。言うまでもなく非常時では同じ問題は二つとなく、柔軟な応用力、つまり臨機応変なくして生き残ることは期待できません。

(6) ストレス耐性の問題

ストレス耐性とは、肉体的あるいは精神的に困難やストレスを受けても影響されず、いつも通りに安定して仕事ができるかどうかということです。ストレス耐性が十分であれば突発的な非常事態や困難に遭遇《そうぐう》しても、パニックに陥《おちい》らず、比較的冷静に対処し、適切な言動をとることが可能です。この能力は経験や開発トレーニングで強化可能な部分もありますが、個人特性的な側面もかなりあります。すぐに舞い上がる、怒鳴る、閉じこもる、黙り込む、落ち着きを無くす、見境なく動き出す、冷静な判断力を失う、などの場合はこの能力が不足している証拠です。

(7) 対組織・集団リーダーシップの問題

組織や集団に対するリーダーシップは非常時には欠かせない能力の一つです。その時々の状況に合わせ、効果的なスタイルを用いて目的達成に向けて影響力を発揮していく能力です。非常時は事の緊急性、危険性ないし重要性がきわめて高いのでリーダーシップの影響力は、地位に由来する権威とパワーがベースとなります。それに信頼性が加われば盤《ばん》石《じゃく》です。

したがってスタイルとしては平時の衆議型、支援・委任型に対して独裁先導型、指示命令型が主になります。これらを適時、適切に発揮できるかどうかが問われます。メンバーのコンセンサス形成に慣れ親しんだ平時に強いマネジャーの中には、独断と命令ができないケースもしばしば見られます。これでは非常時には用を成しません。

未経験の困難を多少とも軽減する良質のシミュレーション・トレーニング法があります。トップや部長の存在感を高めるのは平時よりむしろ非常時ですから、彼らこそこうしたトレーニングが必要です。

二〇一一年三月一一日に発生した東日本大震災では、政治、行政、産業、研究、教育、文化などあらゆる分野で統治、管理、評論の任にあった人たちが、図らずも非常時マネジメントの難しさと弱さを晒《さら》しましたが、平和で安穏な日常に慣れた現代人に、あのような非常時の極みに完璧な対応を求めるのはもともと無理難題だったのでしょう。それにしても多くの人が平時の論理に拠《よ》って、批判し、論評していたのがいかにも虚《むな》しく思い出されます。全能者よろしく誹《そし》る姿を目にし、暗澹《あんたん》たる気持ちになったのは筆者だけでしょうか。

筆者が行うアセスメントでは、「能力評価を伝える場合は必ずエビデンス（証拠となる具体的な言動）を明確にしなければならない」という原則があるのですが、その点からすると大方の批判には、全能の存在からすればそれなりの理屈はあっても合理的なマイナスのエビデンスはあまり示されていなかったように思われます。非常時には平時のように一〇〇点を求めるのではなく、核心を押さえ五〇点か六〇点でも迅速にスタートすることが肝心で、その後でプロセス管理を的確に行い、皆で力を合わせて八〇点、九〇点に挑戦していくのが現実的です。

大震災のようなあまりにも巨大な災禍《さいか》を前にすると不安と苛立《いらだ》ちが人々を支配しがちです。このとき注意しなければならないのは攻撃的になって他責に向かわない、つまり誰か他の人の責任にして済まさないことです。冷静に見れば、他責は非生産的で事態を悪化させはしても、決して何も解決しません。立派な理屈が添えられていても他責にはまっている人は何とも小さく、つまらない人に見えてしまうものです。

②現在価値守旧タイプ

②から⑦のタイプは、考えてマネジメントする能力に問題を抱えるタイプです。まず現在価値守旧タイプの部長によく見られる言動例には次のものがあげられます。

- 悪いことではないが混乱を生じかねない、として目的より秩序の維持を優先し、変化を避ける。
- 目先の現象を追うだけで、環境変化のうねりに気づかない。変化に気づいてもその意味を読み取れず、漫然と現状に流されるか目先の対応で済ませ、何の疑問も感じない。
- ただ単に余計な手間が掛かるからといって変えること自体を面倒臭がり、嫌がる。
- 前回はどうだったか、前任者はどうしたかを気にする。新任の際、必ず「前任者の方針を踏襲《とうしゅう》して……」と真顔で口癖のように言う。

●前の実績に囚《とら》われ、そこから抜け出せず、発想が飛べない。ゼロベースで考えられない。

●現制度に慣れきって、現在の規則やマニュアルに沿っているかどうかだけで判断する。

●環境変化への対処を口にはするが、一般的なこととして理解するに留まる。それが自分のミッションで何を意味するか、何をどう変えることなのかなど自分事にしていない。

このタイプの特徴を要約すると次の通りです。

意図するとしないとにかかわらず、結果として現在の価値、組織、仕組みを守ることが行動基準になっていて、新しい価値を産み出すことに目がいかない。

だから現状にうまく合わせることには力を発揮するが、新しい状況は作り出せない。

欧米では「対集団リーダーシップを開発する効果的な方法は、お手本にしたい人の会議の議長ぶりをそっくり真似ることだ」と言われています。しかし、これとは似て非なる話で、マネジメントの意味をよく理解しないで、前任のエクセレント部長の過去一年間の行動をそっくり真似ようとした人がいます。

ある大手金融機関で次世代経営者養成講座の一環としてアセスメントをした時、法務畑から昇格して総務部長に就《つ》いたM部長はインタビューで次のような体験を話してくれました。彼は就任挨拶で、大勢の部員を前にして〝できる部長〟として評判だった前任のN部長の業績を讃《たた》え、N部長にあやかり、方針ややり方をお手本にして忠実に踏襲したい、とはばかることなく公言しました。

それは単に儀礼的な挨拶《あいさつ》ではありませんでした。M部長は着任するや否や実際にN部長にならい、前年のN部長の業務記録を洗い出して、年間業務予定表を作り、行事や会議はもちろんのこと、会議での挨拶、他部門との関係構築、外部折衝《せっしょう》などN部長の言動を極力洗い出し、それらの踏襲・実践に努めたのです。彼が目指したのは名部長の模倣《もほう》で、彼なりの能力開発を図ったものです。彼の「努力」は総務部長マニュアルとして記録に留められたと言います。彼の行事に対する段取り、つまり計画力は確かに上がったようです。しかしながら彼についたあだ名は「N流部長」でした。彼の判断基準はもっぱらN流マニュアルに合致しているかどうかで、彼の仕事ぶりに新機軸は全くなかったのです。

組織・人事の問題の一つとして実際によく見られるのが、硬直した保守的な部長です。環境が比較的安定していた時代、安定した業種なり職種にあっては何とか生き延びることができたタイプです。彼は無意識のうちにどうすることが安全でかつ楽なのかがよくわかっています。新しい状況を作り出すような、リスクを伴《ともな》いエネルギーもいるところは避け、楽していい格好ができるところにいたがります。結果、それは現在の仕組み、ルール、やり方や組織体制を一生懸命維持することになり、外部からは文字通り保身の部長としか見えません。

このような困った部長は組織の基本目的に対する認識が弱く、目的志向性が弱いのです。自分たちの仕事が何を目的にしているのか、そのことを真剣に踏み込んで考えていません。また周囲がよく見えていないという意味で環境認識力が十分ではなく、環境の変化に対する適応性も低いと言えます。環境変化への目配りが全くない訳《わけ》ではありませんが、いわば一般教養的知識に留まり、目的達成に向けた自らの言動を革新していくことにはつながっていません。こうして目的と手段を取り違えた仕事ぶりに陥《おちい》っていくのです。

組織や制度は目的を達成するための手段でしかないことは部長クラスなら百も承知のはずですが、官僚組織の自己増殖を説いたいわゆる「パーキンソンの法則」が証明するように、当事者になった途端に「手段の目的化」が容易に起きてしまうものです。

実はこうした「組織ボケ、制度ボケ、職位ボケ」は伝統のある立派な組織、大組織ほど起きやすいのです。なぜなら組織が複雑巨大化するほどメンバー一人ひとりが自らの仕事の目的と役割を明確に意識するのが、より難しくなるからです。一流企業でも上級管理職に対して、時代環境の変化を踏まえた「組織バリューと部門ミッションの革新」といった類《たぐい》の戦略再構築型の研修が重視されるケースが増えているのはこのためです。

③表面対応タイプ

このタイプの部長によく見られる決まり文句や言動例には次のものがあげられます。

●問題の原因を探ろうとしない。物事に対してただ事実や結果に関心を払うだけで経緯、背景、特に原因・理由に関心が向かない。
●問題に対して即対策を示す。真の原因を摑まないで経験などから直《ただ》ちに機械的、一般的対応策を打ち出す。
●問題の全体像や真の問題を摑まないまま派生的・表面的な問題の解決で満足している。
●事実の時系列的、論理的関係の把握・分析が弱い。潜在問題に気づかない。
●事実の確認を怠《おこた》る。事実と意見を混同する。都合のいい他者の意見を事実のように扱う。
●信頼する部下や上司の言うことは丸呑みする。彼（彼女）が言うことは無条件に事実として扱う。
●持論以外受け付けず、反論を嫌う。様々な考え方が持てない。

このタイプの特徴を要約すると次の通りです。

様々な問題を指摘して対策を打ち出すが、本当の問題はわからないまま、表面的、部分的、対症療法的、応急的な対処に留まり、いつまで経っても真の問題解決ができない。

経営環境が日々変わっていくなかで、**現代のマネジメントにとって最も重要なのは、「何を目的とし、そのために何をするか」を明らかにする能力**です。この意味で現代のマネジメントは、考えるマネジメントとも言うべきものですが、この考える能力が十分でないと、なかなか的確な問題解決、対策が打ち出せません。いたずらに精神論やガンバリズムで部下を叱咤《しった》激励して疲弊《ひへい》させたり、表面的な対応に終始して問題を根絶することができずにいつまでも発生し続ける問題を追いかけたりすることになりかねません。

この「考える能力」とは何かについては第二章で体系的に触れますが、大きくは三つの能力が不足していることが考えられます。分析力、判断力と創造力です。つまり考えの深さ、広さ、ユニークさです。分析力とは物事を深く踏み込んで考察し関係性や違いを明らかにする能力。判断力は物事を多様な視点から柔軟に捉《とら》え、その中から適切な考察基準を引き出して最適な考え方や対策を決める能力。創造力は考えそのものの斬新《ざんしん》性、革新性、独自性やアイデア性を示す能力です。

この中でも最も多く見られるのは分析力の不足です。代表的なのは問題分析力です。現状を把握し、問題に気づき、原因を追究し、解決策を案出する能力です。この能力が不足すると問題を現象レベルでしか捉えられず、物事の捉え方が表面的、対症療法的になってしまい、真の問題解決ができません。このタイプの人で最も重症なのは事実関係をよく確かめること（事実関係の把握）をせず、自分勝手な思い込みで自分好みの問題を作り上げ、組織的対応を図ろうとする人です。たまたま市場・商品・チームの三拍子に恵まれ、時の運も味方に付けてハイパフォーマーとなり、大きな壁に遭遇することもなく、短期間にキャリアアップした部長などによく見られます。

このタイプの困った部長がリーダーシップを持ち合わせていたりするときわめて厄介《やっかい》なことになります。つまりはじめは彼の果断性とエネルギーに富んだ行動力は目先の業績アップに貢献するように見え、頼りになる部長に見られます。しかしすぐに大きな壁に直面し、それに対して的確な問題解決ができず、外れた戦略で組織をあげて空回りをさせてしまうことになりかねません。上長が早い機会にそれに気づけばよいのですが、経営がよく見えていないトップにそうした人物が可愛がられ、長い間組織の意思決定の中枢に位置し、権勢を振るったりするともはや悲劇です。組織の問題解決力、環境適応力は年々弱まり、その行く末は真っ暗です。

次に多いのが判断力が不足するケースです。判断力とは考察の広がりに関わる能力です。それが狭いのです。考え方が硬直的で柔軟性に欠けているために、いろいろな考え方や見方ができず、決まりきった考え方に囚われがちです。判断力が劣れば、情報の真偽の見極め、優先度判断、決断に至る前の豊富な選択肢や判断基準の案出、その選択、これらが不十分であったり的確さを欠いたりします。いずれも意思決定の不具合につながります。

三番目が創造力が不足しているケースです。この場合、分析ができ、柔軟に考えて最適な判断ができても対策そのものはありきたり、平板、常識的で、良い解決策にはなりません。一般的、定型的、前例踏襲的で新味がなく、独自性、斬新性、創造性に欠け、結局効果的な問題解決には至らないのです。

④改善・漸進タイプ

このタイプの部長によく見られる言動例には次のものがあげられます。

- **前年並みか前年を多少とも超えていれば良いとする。着実な一歩を積み上げることこそ最善策と固く信じている。**
- **現状から大きく離れられず、現状を少し変更する改善は受け入れるが、抜本的な改革はためらい、**

避けようとする。
●理想像やありたい姿が示されると、すぐさまその裏づけを問題にし、実現性がないと批判する。
●コスト半減とか利益倍増とかの目標は絵空事としてはなから受け付けない。前期比プラスマイナス一〇パーセントを超えたら現実的ではないと決めつけ、拒否する。
●他業界の目覚ましい成功例や改革例は条件が違うから参考にはならないとして受け付けない。
●突飛《とっぴ》な考えやアイデアには冷淡で、それらを実現する難しさを理屈を並べて抑えつける。
●内外の政治・経済動向や業界のトレンドなどに関心が薄く、視野が狭く話題が少ない。

このタイプの特徴を要約すると次の通りです。

自分の仕事、現在の仕事を見ているだけで視野が狭い。常套的《じょうとうてき》な積み上げのやり方に固執し、将来の理想像、大局的な構想や革新的な戦略思考によって局面打開を図り、現況の大きな変革を指向しない。だから漸進《ぜんしん》的な改善には十分な理解を示すが、一挙に現状を変える改革は受け付けない。

木を見て森を見ず、つまり各論はよく見ていてもいわゆる大局観がない部長は決して少なくありません。自分と自部門の現状やミッションはよく見ていますが、世の中、業界、全社がどういう状況にあるか、長い時間軸や、広い空間軸で見ていない、全体感を持って見ていないのです。いまの自《みずか》らの立ち位置をいろいろな角度から見て再認識し、現在および将来を見極め、方向づけをする、大局観や長期的観点を持つことができていません。このため、目の前のことがさしあたって問題なければすっかり満足し、安心しきってしまうのです。

優れた部長になるには、現状を超えた斬新な将来像を描くことや、それを実現する戦略を構築する能力が要求されます。そこでは過去、現在を構造的に把握する分析力、将来に対する洞察力（論理的予測力）、および自分は何を大事にし、現状をどう変えてどんな理想を実現したいのかという主観的な想い、この三つを統合する構想力が欠かせません。

一歩一歩改善を積み重ねてより好ましい成果を勝ち取っていく改善主義は、これまで経営の王道でしたし、これからも重要でしょう。ただしそれは方向が正しいとわかっていて、時間的余裕もある場合です。しかし今後はかなり事情が違ってきます。これからは方向自体を見直し、時間的制約を最大限織り込んで変えていく必要があります。こうした考え方に立てば、現状を大きく飛び越えた変革目標を、目先の裏づけに囚われることなく大胆に掲げ、それを遮二無二《しゃにむに》追求していく以外にない、そういうケースが増えていくように思われます。

P・F・ドラッカーの言によれば、「成長は不連続で、成長のためにはある段階で自らを変えなくてはならない」（『マネジメント』ダイヤモンド社、二〇〇一年）。つまり**目的を達成し、成長を持続するためにこれまでのやり方を変えなければなりません。**具体的には、5W2H（What, Why, Who, When, Where, How, How much）を変えることです。場合によってはさらに目的さえも見直し、変えることです。

一九七〇年にアメリカで制定されたマスキー法は、自動車の排ガス（CO、HC）の排出量を五年後には一〇分の一以下に削減するという厳しいもので、業界はこぞって不可能を喧伝《けんでん》したものです。しかし、結果は見事に達成され、これがドライブになってその後のわが国の世界に冠《かん》たる自動車製造技術の革新がもたらされたことは周知の事実です。これからは改善という蛸壺《たこつぼ》から出て、リスクを恐れず革新的な目標を掲げ、戦略を持って飽くなき挑戦をする、そうせざるを得ない事態が増えてくるでしょう。

二〇一一年五月二五日、当時の菅直人首相はパリの経済協力開発機構本部で、福島第一原発事故を踏まえて、発電量に占める自然エネルギーの割合を二〇二〇年代の早い時期に二〇パーセントを超えるよう取り組む、と明言しました。案の定、経済界、マスコミ、当時の野党はむろん与党内からも、事前協議がなく唐突で裏づけがない、と型どおりの批判が湧き起こりました。しかしこうした批判は必ずしも的を射たものとは言えないことは、アメリカのマスキー法を持ち出すまでもなく多少とも歴史的知見のある人であればおわかりでしょう。

一九七二年に世界の賢人の集まりであるシンクタンク、ローマクラブはシステムダイナミクス法による世界モデルを構築し、人類の危機レポートを発表しました。世界の人口爆発が幾何級数《きかきゅうすう》的に生じ、環境破壊がこのまま進めば人類は未曾有《みぞう》の食糧危機に陥り、向こう一〇〇年以内に人類の成長は限界に達するという趣旨《しゅし》のモデルで、有名な「成長の限界」を発しました。よく使われる池の魚と水草の比喩があります。そこでは人類の生存は、池の表面を水草（環境破壊）が完全に覆った時点で命脈が尽きる魚にたとえられます。倍々ゲームで増える水草が池一面に広がるその前日になっても水面はまだ半分も残っており、まだ大丈夫だと考え、迫りくる滅亡の危機に気づかないという構図です。

こうした危機を回避するには改善を超えた改革的取り組みを断行するしかありません。改善によって水草の増殖スピードを抑えることは可能でしょうが、そのような改善の限界は明らかです。例えば、水草を逆に減らしていく、水草の生えない第二の池を作る、水から出ても生きられるようにするなど、場合によっては価値観を転換し、目的を見詰めなおし、問題の構造を変え、戦略的アプローチによって局面を打開することの必要性を暗示している話だと思います。

⑤能吏タイプ

このタイプの部長によく見られる言動例には次のものがあげられます。

- ●自らの価値観や仕事についてのモットーがない、あるいは発信しない。
- ●事業の社会的使命や顧客満足について自らの言葉を持たないで、事務的な対応に留まる。
- ●現実の仕事の話や問題についてはよく話すが、会社のあり方やビジネス人生のあり方などには言及しない。
- ●目前の対策や成果の話に終始し、理想を言えば……という夢の語りかけがない。
- ●部長としてのありたい姿や社員の育成について自らの想いや信念を発信しない。
- ●所信表明が実務一辺倒《いっぺんとう》で長期的な視点、抱負や熱い思いが出てこない。
- ●見込まれるチャンスについて語らない。

このタイプの特徴を要約すると次の通りです。

あらかじめ決められたことをただ地道に行うばかりで、仕事の意義、組織の社会的使命、目的やビジョン、人づくりなどについて自らの想いと覚悟を込めた訴求《そきゅう》力のあるメッセージを発信できない。

アセスメントの際には各人から個人情報を記載したバイオレポートを提出してもらいますが、それを見る限りきわめて優秀と思われるのに、アセスメント結果はあまり芳《かんば》しくないケースが、かなり見受けられます。筆者の経験からしても金融、空輸、自動車、精密機械などの会社で多くの人をすぐ思い起こすことができます。彼らに共通しているのはメッセージ力の不足です。

実務では優秀でもメッセージ力のない部長は、例えば、組織や仕事の方向づけを自ら考えることを迫られた経験がない、あるいは多人数の部下たちをマネジメントする機会がない、長年専門的な実務に携わって仕事を間違いなくこなすことに専心してきた、などのケースでしばしば見られます。彼は仕事は真面目にやるが、自分の仕事の使命や夢を語ることはありません。

このようないわば能吏《のうり》のイメージがぴったりの部長がどうして生まれるのでしょうか。上長の指示によく応えただけで部長になった、部下が皆自己完結的に仕事をこなし、その上に巧みに乗っかってやってきた結果として部長になった、定型的な仕事に長く携わっていた間に仕事と組織が次第に増大して部長になったというケースがあります。このほかに大組織で最も頻繁《ひんぱん》に見られるのが「渡り鳥型管理職」、つまり二〜三年毎《ごと》に次々と部署を渡り歩いて部長になったというケースです。大過《たいか》なく異動をこなし、一見ゼネラルマネジャーに見立てられる部長ですが、実は骨のある仕事、新たな価値の実現への挑戦、修羅場《しゅらば》体験がなく、本人の中に確信的な価値基準が何も育っていないのです。

ですから、たとえモットーはあっても実務的な話に終始します。例えば「今日なすべきことは今日する」などの類で、「お客様に本物の感動を提供する」などではないのです。彼は仕事の基本価値を自分事にしていないのです。ですからそれを発信することはなく、周りにも見えません。目的よりも手段ばかりが目立ちます。彼のチームは夢や希望、目的や価値を持たないため大きな仕事はできません。彼はメンバーの心を奮い立たせ、組織力を倍加させるような強い影響力を与えることができません。

それではメッセージ力とは何でしょうか。それはいわば自分の中から出てくる内発的なエネルギーです。

それはどんな能力からなるのでしょうか。またそれはどうやったら身につくものなのでしょうか。

まずビジョンが必要です。ビジョン構築力を備え、魅力的な夢なり価値なりを発信できなければなりません。もちろん論理的な裏づけもある程度必要です。

しかしそれよりも**もっと重要なのは自らの内なる想い**です。人はかくありたい、組織はかくありたい、仕事を通じて社会や世界の人々に貢献したい、といった想いです。人材育成で言えば、様々な育成スキルを熟知している人がどんなに上手に教えたとしても駄目《だめ》です。メッセージ力のある人材育成とは、例えば立派な管理職になって本人も部下たちも幸せになって欲しいという熱い想いを持って臨《のぞ》んでいるかどうかです。そうした熱い想いは、実際の困難への対処、身を投げ打って心血《しんけつ》を注いだ仕事の体験、いわば修羅場体験によって身につくものです。それは困難をブレークスルーする力であり、滲《にじ》み出る信念であり、人のハートに訴えるものです。それによって自らの価値観への自信が生まれ、修羅場に動じない胆力が鍛えられます。芯になる、しっかりした価値基準があってこそ伝播《でんぱ》力は生まれます。

ここでビジョン構築力についても触れておきます。ある大手精密機械メーカーの経営企画担当の部長さんの例です。彼はＭＢＡ（経営学修士）を取得し、内外の経営論に通じ、経営ビジョンを作らせたら右に出る者がないという人物です。

実際に取締役候補者のアセスメントでは、ケーススタディ型の経営ビジョン・戦略構築演習をしてみると、経営ビジョン・経営戦略の設計は手際良くさすがと思わせる申し分のない出来栄えでした。しかし、集団討議や未決案件処理演習など他の演習では、問題解決や課題解決を図る場面で理想を追求する姿勢はあまり見られず、むしろ保守的、現実的な対応策に囚われ、そこから踏み出そうとしていませんでした。

こうした場合、結論を言えば彼のビジョン構築力は決して良好とは言えないのです。しばしば間違えられるのは、ビジョン構築力をビジョンを立派に作るスキルと見なす点です。良いビジョンが設計できるにこしたことはありませんが、それだけでは駄目なのです。ビジョン構築力は言葉を換えればビジョン志向性という側面が強く求められます。常に現状に満足することなく理想を描いてその実現を志向する言動こそ重要なのです。「本来あるべき姿」、あるいは「ありたい姿」を描いて未来志向、理想志向、改革志向で仕事をするという言動特性を指しています。眼前の仕事一つ一つに対して自分なりの理想像を持ち、同時に機会を見つけてはそれを発信していく、それができているかどうかです。これは戦略設計力についても全く同じことが言えます。

⑥優柔不断タイプ

このタイプの部長によく見られる言動例には次のものがあげられます。

- **会議の冒頭ではなく、会議の最後に自分の考えを言う。**
- **会議では結論に関わるような意見は極力避ける。**
- **大勢《たいせい》がはっきりするまで発言を控え、大勢に逆らうような意見は述べない。**

●状況がどんなに差し迫っていても不確かな点があれば追加情報を追いかけ、決断は保留する。
●複数の選択肢を用意し、それぞれのメリット、デメリットをあげるが、自分の結論を出そうとしない。あるいは常にリスクの少ないほうに決める。
●分析にこだわり、真の原因追究に納得がいかない限り持論や決断を示さない。
●決断を出すまでの手順が頭になく、ただ漫然とその時その時の気がかりな点を言う。

このタイプの特徴を要約すると次の通りです。

自分の意思をタイミングよく明確に表明できない、または追い詰められないと示さない。

決断力とは情報が不足して状況が不確かな場合でも、期限内の目的達成、危機回避やチャンス獲得のため時機を失することなく明確に決断を示すことを言います。決断を下す際の基準がなかったりはっきりしなかったりする場合、あるいは既存の方針に馴染《なじ》まない場合などでも自分の責任になることを覚悟して早すぎず遅すぎず、つまりタイミングよく決定する能力です。決めなければ間に合わないのに決められないのは明らかに決断力が不足していますが、逆にまだ時間的に余裕があるのに早すぎる決断、早まった決断をする、つまり速断も決断力が良好とは言えません。

いずれにせよ、そこで問題にしているのはあくまでも決定そのものの能力です。ここでは決定の内容の良し悪し――それは結果の良し悪しにも通じますが――は問われていません。しかし実際には決定の中身、つまり決断の質をあわせて問題にすることが多く、その場合は判断力など考える能力も含めています。このため質を含めて決断をいう際にはそのように明確に定義し、判断・決断力と括《くく》って表示する場合もあります。

この決断力は多くのマネジャーにとって最重要な能力の一つで、本来は仕事の経験が増えるにしたがって自然に鍛えられ、磨かれていくはずのものです。しかし実際には決断力が課長にも劣る部長は珍しくありません。単に上意を翻訳して下達《かたつ》するだけの「メッセンジャー部長」や、逆に下意をほとんど機械的に追認《ついにん》するだけの「OK部長」は大組織でもよく見られます。これでは決断力は磨かれません。

判断・決断力の不足は決断力そのものに問題があるケースのほかに、他の原因が影響している場合があります。代表的な例をざっと見てみましょう。

まず一つ目にあげられるのは、論理的考察力、事実関係把握力、現状認識力、問題分析力が不足しているケースです。情報を集め、その意味を考え、因果関係などを考察したうえで、論理的な問題解決策を引き出すことができない場合です。

二つ目は、ほぼ同じ構図ですが、自らの判断視点や価値基準が定まっていないために決められないケースです。

三つ目は、逆に論理的厳密さに囚われて決断が遅れがちなタイプです。いわゆる分析完璧主義です。いくら分析しても所詮《しょせん》根本の原因らしきものの周辺に迫るのが精一杯という状況も多くあります。実践の場ではロジックの大筋を摑んで、後は思い切るということが避けられませんが、それができません。彼はしばしば頭がよく緻密《ちみつ》な分析力に富んでいますが、実戦経験が少なく、実社会での論理性の限界に思い至らないのです。

四つ目は、責任感に問題のあるケースです。決断には必ず結果責任が伴います。責任をとる度胸がないため決断を避けようとして先送りする、あるいは曖昧《あいまい》にする、というケースも現実には少なくありません。これは判断に自信がないこと、上級管理職としての自覚や役割意識が十分でないことなども絡んでいます。

五つ目は、自律性に問題があるケースです。前述の責任感の欠如《けつじょ》と相通じる点がありますが、個人的な特性により強く起因している点が本質的な違いです。

上司や部下、会議メンバーなど他人の意向に乗って物事を決めるスタイルに慣れきった人がいます。他者に左右されないで自らの考えと行動をしっかり持とうとする自律性が足りない人です。およそ部長には相応《ふさわ》しくありませんが、実はこういう人が少なくありません。彼は会議の流れを読み取って、その流れに乗るのが上手です。大勢に抗する異論は決して述べません。自らが状況を作り出したり、会議を実質的に先導することはありません。上司の意向や場の空気を敏感に読み、それに沿った意見を述べるに留まります。結論に関わることは決して言いません。結論めいたことを言うとしても最後に大勢を確認しダメ押し、お墨付《すみつ》きを与えるだけです。自分の意思、意見はほとんど決定要素になっていないという意味で言えば何も付加価値は産んでいません。

ところが大企業にあっても彼はしばしば民主的、参画型、合議型で立派な部長と見誤られていることがあります。貫禄十分で神輿《みこし》にどっしりと座っている大部長と見なされていることさえあります。実際にアセスメントを受けるとその結果が、社内評価とあまりにも落差が大きいので、人事部長がすっ飛んでくるのがこのタイプの部長です。

六つ目にあげられるのは、上司の権限委譲《いじょう》の不足が災いして決断力が育っていないケースです。ワンマン社長や権威志向の強い上長に長年仕《つか》え、上長の意向を汲《く》んで仕事をすることに励んできた部長が陥るケースです。自らが重要な意思決定に加わる機会がなく、常にトップにお伺《うかが》いをたてないと事が決められない状態では決断力は開発されようもありません。サラリーマンにとって顧客とは上長で、顧客満足とは上長のニーズを満たすことだとする考え方があります。一面の真実があるとは言え、昨今の経営環境の中でマネジャーとしてそんな自律性を欠いた姿勢で生き残れるのか心配です。

七つ目には、感受性、つまり他者への配慮が過剰な気遣いに転じて決断に問題が生じているケースがあります。人の気持ちを先読みし、できるだけ穏やかに事を収めようとする対人配慮は人間関係を維持するうえで有効です。しかし、それに囚われ過ぎると目的の達成に向けて決断を下せません。どんな場合でも全員の賛同がないと決断できない部長がいますが、こうした過剰な感受性が災《わざわ》いしている恐れがあります。彼はみんなの合意が得られるか心配で、決断を先送りします。自らの腹の内を明かしたときのメンバーの抵抗や衝突を恐れるのです。こうしたケースでは組織リーダーシップ、あるいは説得力の不足も響いているのです。

⑦とりあえずタイプ

このタイプの部長によく見られる言動例には次のものがあげられます。

●何事につけ「とりあえず……」が多い。

●目の前の仕事からはじめる、あるいは指示する。仕事のやり方に決まった手順がなく、成り行きや思いつきでやる。

●重大な仕事だと以前からわかっていても集中するためという名目で差し迫ってから手をつけ、バタバタと対応する。仕事が立て込むにつれ一層慌てふためき手戻り（手順を間違えて、前の段階に戻ってやり直すこと）をきたす。
●あまりメモを取らない。スケジュール管理が抜かりがちになる。
●整理整頓ができない。
●不確定要素があると計画が立てられないとし、とりあえずできることからやりはじめ、成り行き任せで動く。目標期限、仮説や予測を持たず、手順を決めて取り組もうとしない。
●万事余裕のない仕事ぶりが目立ち、プロセス管理も計画性がなく、抜け落ちがちで、結果チェックに終わる。仕事の期限や見通しを聞き逃す。

このタイプの特徴を要約すると次の通りです。

常に目先の課題に追われ、先を見た仕事ができない。しばしば堂々巡りや手戻りを犯す。中長期的な時間軸の中で優先度設定や手順化をすることができない。

ある大手産業機械メーカーの技術開発部門を担当されているC部長の例です。自他共に認める技術開発の第一人者で、責任感旺盛《おうせい》、頭も良く、論理的な推論を働かせて問題の人イート・スポットを的確に捉え、創造力にも富んでいて実に見事な解決策や対策を打ち出す、対人能力にもこれといった問題はなく、ほぼ申し分のない優秀な人でした。しかしどういうわけか業績面は平凡で、ハイパフォーマーとは言えないレベルに留まっていました。そこでヒューマン・アセスメントの結果をよく調べてみると、計画力と一部の権限委譲が弱点として浮上してきました。

この逆、つまり論理力や創造力はそれほど優れてはいないのに計画力が良好で、仕事の実績も良いというケースは珍しいことではありません。これは**日常的な仕事では計画・組織力がかなり重要なウェイトを占めている**ことを示しています。

後日、フィードバックの機会に確かめたところ、C部長には計画力の不足に対する自己認識がほとんどありませんでした。そこで彼の能力像の特徴をよく説明し、計画・組織力の早急な開発を勧めました。同時に当面の対策として、計画レベルの業務を自分で抱え込まないで部下に任せる、極端に言えばターゲット目標、成果の質目標、期限、役割分担を決めたら後は丸投げでもよいから課長職にもっと大胆に権限委譲することをアドバイスしました。彼の場合、計画業務を適切に権限委譲しなかった点に成果が今一つあがらなかった原因がありました。自信家によくあるケースです。

その後、技術開発部門は業績が上がり、チームの活力も飛躍的に高まりました。

このケースで問題になっている能力は前述の通り、計画力です。計画力とはどんな目的達成のために何に取り組むかを優先度を踏まえて効果的に手順化し、方策を明らかにする、つまり適切に経営資源を配分し、役割分担を組む能力です。要は5W2Hを明らかにすることとです。特に「何を」「なぜ」が鍵で、「なぜ」の中核は「目的と優先度」、つまり「何のためにいまなぜ何を優先するか」を明確にすることとです。ここで注目したいのはこの5W2Hのどれか一つでも弱いと全体がうまく機能せず仕事の成功に繋《つな》がらないという点です。

中でもポイントは、**優先度判断が抜け落ちることなく的確にできているか**どうかです。優先度判断が利いていないで、場当たり、成り行きでする仕事は、どんなに一生懸命やっても長い目で見れば決して良い仕事ぶりにはならないのです。

ここで優先順位について少しだけ確認しておきましょう。

優先順位は事の重要性と緊急性とから判断しますが、たいていの困った部長が、優先度イコール緊急度となってしまっています。私たちは習慣的に緊急性に引っ張られがちなのです。重要性とは、目的達成への影響度合い、つまり後日見込まれる利益または損害の大きさの度合いを意味しますが、これを判断するには多少とも論理的な推論が必要です。複数の視点から分析、検討しなければなりません。仕事の現場では考えている余裕などな

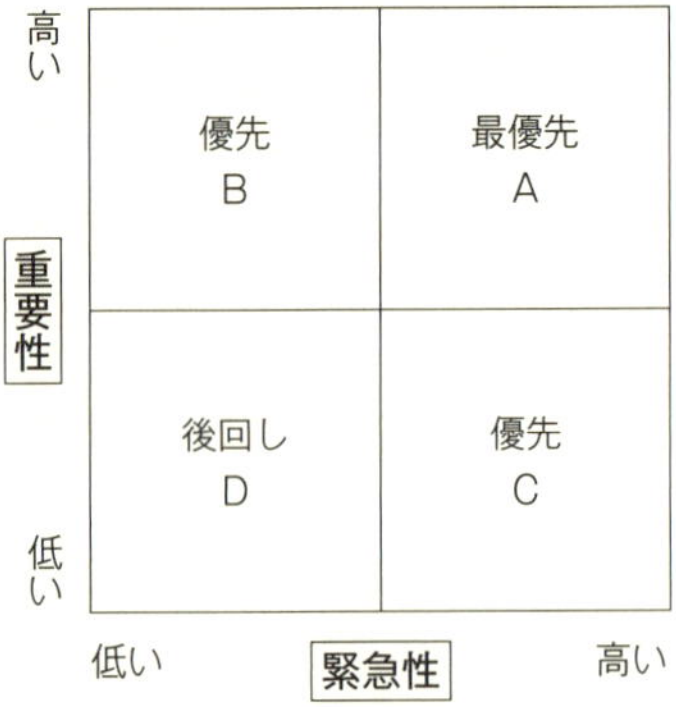

重要性とは何か

- 重要性とはそれがもたらす影響・結果の大きさを言う
- 重要性とはそれがもたらす成果・利益の大きさを言う（プラス）
- 重要性とはそれがもたらす弊害・損失の大きさを言う（マイナス）

Aの次はBかCか

- Bを優先；重要性を優先—長期的な不安からは逃れられる
- Cを優先；緊急性を優先—目前の不安やうるささからは逃れられる

仕事の優先度

い、という強迫感も影響しているでしょう。その結果、いつも忙しくバタバタと動き回っている割には肝心なこと、重要なことは何一つできていない。当初は気にはしていても、そのうち忘れてしまい、毎度踏み込んで考えないまま手つかずで終わるのです。先を見ていまの手を打つことができないことにもなります。

⑧成果偏重タイプ

⑧から⑬は、対人能力に問題があるタイプの部長を取り上げます。まず成果偏重《へんちょう》タイプの部長によく見られる言動例には次のものがあげられます。

●カネに色はついていないと公言する。既存の事業であげた一〇億円の利益も新規の戦略的事業の一〇億円の利益も同じ一〇億円に変わりはないとする。
●常に結果だけを気にかけており、プロセスには関心を払わない。
●良い結果は誉《ほ》めるが、取り組みが良いからといって誉めることはない。
●目標や計画にメンバーの意思を反映させようとしない。
●メンバーの苦心談や成功談を身を入れて聴こうとしない。
●メンバーの能力開発に関心を払わない。
●人や人の気持ちへの関心が薄く、気遣いをしない。チームの士気は成果に直接関わるなら気にかけるが、そうでなければ全く無関心になる。

このタイプの特徴を要約すると次の通りです。

成果しか眼中になく、成果のプロセスには関心を払おうとしない。仕事のやりがいや面白み、盛り上がりのあるチーム運営には顧慮《こりょ》しない。

言うまでもなく仕事しか眼中にないというのと、成果しか眼中にないというのはだいぶ意味が違います。仕事には目的・計画とプロセスおよび成果があります。そのプロセスにこそ仕事の苦労と喜びが存在します。お客様、株主などステークホルダー（利害関係者）の満足に接する喜び、仕事自体の工夫とやりがい、苦労や達成感、それに部下の成長などです。

特にチームで取り組む仕事には役割分担や共同作業が欠かせず、チームビルディングを通じて共有、協力、協創というチーム特有の様々な取り組み・工夫と喜びがあります。そこをいかに効果的にマネジメントしていくか、それを次の仕事の付加価値創造のエネルギー源にしていくか、これこそがマネジメントの勘所であり、醍醐味《だいごみ》でもあるのです。

管理者の役割責任は大きくは二つあり、一つは目的に向かって成果をあげること、二つは人づくり、ないしはチームづくりであり、大きくは仕事のやりがいづくりも含まれます。この両方を成し遂げなければ仕事をしたことにはなりません。

仕事にはチームで役割分担をして一つの課題成果を目指すタイプのものと、一部ですが各人が自立して自己完結的に仕事をやり、それぞれが成果を目指すタイプとがあります。

管理者の中には厳しいマネジメント（実は中身は業務管理や組織管理レベル）を自負し、結果がすべて、成果しか眼中にないと平然と言う部長を見かけますが、その多くは後者の部類の仕事に多いように思われます。

成果しか眼中にない部長は役割責任の半分しか考えていない訳で、こうした勘違い部長の言いたい放題を許しているのは、本人や上長の無知に加え、人材の育成に対する組織の価値観の未熟を示す以外のなにものでもありません。結果の管理統制に終始するマネジメントはレベルが低く、決して組織の未来を拓くものではありません。

マネジメントとは「いろいろ工夫して目的を達成すること」（ドラッカー）という言い方にならえば、**「いろいろ工夫」の真髄《しんずい》は改革・創造とチーム力の発揮**であり、それはプロセスの工夫そのものであると考えられます。そうした理解が浅いため成果偏重に陥るのです。プロセスを軽視・無視するマネジメントからは納得感や付加価値の拡大は期待できず、仕事のやりがいも生まれるものではありません。

もう一つ違う視点から成果至上主義の問題点を見ておきましょう。

「カネに色はついていない」という言葉は、確かに経営の厳しさを一面では表してはいますが、反面では経営の本質を見誤っています。

物事の本質は一面からだけでは摑めません。カネも同じです。カネは使う側、稼ぎ出す側の双方から見なければなりません。使う側から見れば同じでも、稼ぎ出す側からすれば全く違います。様々な工夫をして稼いだカネ、将来性に富んだ新しい商品や新しいビジネス・モデルを開発して稼いだカネは、先人が築いた仕事を淡々とこなして楽に稼いだカネとは明らかに違います。「開発導入期の事業」「日の出の勢いの成長事業（あるいは商品）」「成熟事業」「衰退事業」のいずれかによってカネの値打ちは明らかに違うのです。

戦略や工夫といったプロセスをきちんと価値づけして成果を見られるかどうか。カネに色はついていないという結果主義を公言する人は、仕事のプロセスには関心が薄く、マネジメントは叱咤激励と同意で、戦略や創造などは単なる修辞に過ぎず、真剣に考えているわけではありません。

マネジメントの本質がプロセスにこそあることを考えれば、彼らは優れたマネジャーや経営者と言えるでしょうか。彼らにはマネジメントの香りが全くしないと言っても言い過ぎではありません。量しか見ないで質を顧《かえり》みない点も真のマネジメントからは遠いと見なさざるを得ません。

組織人事マネジメントにおいてもリーマン・ショックを境にそれまで主流であった成果主義型の人事マネジメントの行き過ぎが見直され、成果の量のほかに、成果の質、取り組み、プロセス、人材育成、マネジメント能力などをもっとバランスよく見ていこうという動きが強くなっています。

また成果自体についても個々人の業績を過大に評価する点を見直し、チームの業績やそれへの貢献により大きなウェイトを置く形が強くなってきています。

このようにして成果主義の偏重によって重大なダメージを与えてしまった組織の活力、職場の居心地、成員相互の気持ちの繫がり、チームワークの喜び、さらには一人ひとりの仕事へのやりがいと意欲などを再度修復、復興させようとする動きは十分に注目に値するものです。

⑨円満至上主義タイプ

このタイプの部長によく見られる決まり文句や言動例には次のものがあげられます。

●目的を忘れ、手段に埋没《まいぼつ》する。「本来の目的から言えばそうはならないが、この際皆さんの意向に配慮して……」などと言う。
●目的を無視し、お互いに等分の譲歩を求め、それぞれの言い分を収めるように働きかける。
●何でも足して二で割って調整しようとする。予算枠をオーバーする要求の調整は内容に関係なく算術的な一律カットでまとめる。
●目的よりもみんなの意向の最大公約数を見極めて意思決定する。

●積極的な賛成がなくても気にしないが、積極的な反対がないようにする。
●もう時間がないなどの形式的制約を重視し、メンバーの抵抗の少ない玉虫色の結論に収める。内容的に可もなく不可もないものであっても気にしない。
●論理的に踏み込まず、流れに乗って合意形成を試みる。

このタイプの特徴を要約すると次の通りです。

その場を丸く収めることに執心し、本来の目的、当初の方針、信念や最終成果の質には目をつぶる。目的志向性が弱い。

できる部長は目的志向性が強く、常に目的を意識して仕事をしています。会議の主宰を例にとれば、議長のスタイルは指示主導型、助言誘導型、自律性尊重のコーチ型、委任型の四つのタイプがあり、状況に合わせてスタイルを適宜《てきぎ》使い分けるのが効果的ですが、いずれの場合でも目的を見失うことなく、確実に結論・成果を出します。例えば紛糾《ふんきゅう》して異論百出の場面でも、決して流されることなく目的達成を目指します。しかし困った部長は、いつの間にか場を収めることに囚われ、目先の紛糾が収まればそれで満足してしまいがちです。

その意味では⑦の「とりあえず部長」と相通じるものがあります。とりあえず部長は目的に照らして優先度を判断し、適切な手順がとれるかどうかを問われていましたが、円満至上主義の部長は目的達成に向けて適切なリーダーシップがとれるかどうかが問われています。

この点については目標達成（P：パフォーマンス）と集団維持（M：メンテナンス）に着目したリーダーシップ論の一つ、PM理論（三《み》隅《すみ》二《じ》不《ふ》二《じ》氏）というよく知られた仮説が参考になります。この論で言えば、とにかくその場を収めることに注力する部長は迷うことなく集団重視の行動をとります（PM、Pm、pM、pmの四タイプでいえばpM型）。

世間で名司会役、名調整役と言われる部長の中には結構このタイプの人を見かけます。彼は人間関係を良好に保つことを無条件に最優先します。会議では空気を読み、大勢を見極め、大勢に沿ってまとめることを心がけます。異論を差し挟むことを止め、時として反論を封じます。意見が対立して二分、三分したような場面ではどちらの面子《メンツ》も立つような、しかし実質的にはあまり意味がないような妥協案を示してとにかく対立場面を収め、成果があったと自己満足します。交渉は戦略的に進めるというよりは、相手とのコミュニケーションに留意し成り行きを重視します。

波風を立てないことがすべてに優先という考えです。衝突や葛藤《かっとう》は新たな創造のエネルギー源であり、恐れたり避けたりせずに活かすべきものだという考えはありません。そのためのスキルも自信も胆力もないのです。他者の気持ちに配慮する感受性には優れていることが多いのですが、目的志向に繋がる論理的考察力や自律性はしばしば不足しているケースが多いようです。

⑩キャリア志向タイプ

このタイプの部長によく見られる言動例には次のものがあげられます。

- **チームの満足ではなく自分の満足、自分の昇進のために仕事をする。**
- **新しい仕事や見栄えのする仕事などやりたい仕事は自分がやり、部下は手駒《てごま》に使う。**
- **部下の能力開発に関心を示さない。部下の強みや弱み、将来の方向について対話しない。**
- **部下と一緒になって仕事をし、手本を見せたり、部下の能力を引き出したりするようなやり方をしない。**
- **部下の仕事ぶりにしばしば懸念を示す。部下に挑戦的な仕事を任せて成長を図ろうとはせず、安全パイで仕事を割り振る。**
- **自部門の業績アップのため、手のかからない、できる部下を欲しがるが、彼の昇進には積極的では**

ない。

●自慢話が多く、部下との生産的な対話がない。

このタイプの特徴を要約すると次の通りです。

自己のキャリアアップを優先し、部下の育成には関心が薄くエネルギーを注がない。

目覚ましい昇進を果たしてきた部長の中に、実は自分のキャリアアップしか考えていない部長がいます。彼はしばしば勉強家で努力家でもあり、専門スキルを磨き、仕事のノウハウをよく知っています。自分の仕事はきっちりこなして立派な成果をあげ、上司の覚えもめでたいのです。こうした自分のことしか眼中にない、一匹狼で本来管理職の資格がない部長が存在するのは、昇格制度の条件に重大な欠陥があったか、あるいは評価が適切でなかったかのいずれかでしょう。

業界トップクラスの企業にあって一見優秀と目されている部長の中にもこのタイプの人が時折目につきます。専門的な仕事、自己完結的な仕事をずっとやってきた人に多いようです。自分一人で仕事をする分にはさほど問題は表に出ません。しかし、たとえ一～三人でも部下を持たされた途端に困った部長に変わってしまいます。このような部長にいちばん欠けているのはメンバーの能力開発という視点です。管理者の重要な役割の二つのうち一つが全く抜け落ちているのです。

バブル崩壊から今日までの二〇年余、わが国の企業は様々な経営革新に挑戦してきましたが、この間に最も重大な危機に瀕したのは人づくりであったと思われます。

仕事に直結するテクニカル・スキルの開発・強化はしても、長期的な視点に立った人づくりは多くの組織で二の次にされていたように思われます。つまり将来の経営の付加価値を産み出す源とも言うべき人材育成、能力開発はこの間ずっと等閑視《とうかんし》され、将来に大きなツケを残しました。

分析力、判断力、創造力等々の付加価値創造の源になる能力や、それを促進する環境づくりに必要な影響力、交流力、育成力等々の能力開発に多くの課題を残しました。こうした人づくりに対する理念と戦略の欠如は、この間の極端な採用抑制とあいまってその後重大な経営課題としてはね返ってきているのではないかと思われます。部下の育成に目を向けない困った部長はこうした時代背景の申し子といった側面もあるでしょう。

こうした〝自己中部長〟の能力特性を見てみましょう。計画力・組織力は部長に必要な能力の一つですが、この自己中部長は特に組織力に大きな問題が見られます。つまり目標の配分をはじめ仕事のアサイメント（割り振り）が適切ではないのです。人材育成の視点が欠落し、もっぱら自らの成果責任を確実かつ迅速に達成できる割り振りに走ります。その結果、権限委譲が進みません。メンバーは作業に縛られていても、自ら考え、決定し、主体的に仕事に取り組み、やりがいを感じることができません。職場の士気は上がらず、仕事が全体的にマンネリ化し、能力開発は鈍り、仕事の工夫も生まれません。場合によってはしばしば現場に下りてきて自分で仕事をする点も困ったところです。

　自分の評価が高まるような仕事、自分がやらないと安心できないような仕事は自分がとってしまい、部下にはその手伝いをさせ、他の厳しい仕事、割の合わない仕事をやらせます。このような状態では部下の高目標への挑戦も能力開発も期待しようがありません。問違っても率先垂範《すいはん》型のできる部長と見誤ってはいけません。

⑪支配志向タイプ

　このタイプの部長によく見られる言動例には次のものがあげられます。

●「部長の私がそう言っているんだ」と言ってあからさまに権威を示し、有無を言わさず同意させようとする。

●部下の言うことに耳を貸さない。双方向のコミュニケーションがとれない。
●「△△を知らないだろう」と言って仕入れた新知識をひけらかす。部下に知識、スキルや業績で挑み、勝っているところを見せたがる。
●知らないこと、専門以外のことにも知ったかぶりをして口を出し、職位に基づく権威を振りかざして認めさせようとする。知らない、わからない、とは決して言わない。
●直接間接に自分が大物であると喧伝する。
●間違っていたことに気づいても認めようとしないで、押し通そうとしたり、言い訳をしたりする。
●相手の立場に立って自分の言動を加減するということがない。相手の気持ちをわかろうとしない。

このタイプの特徴を要約すると次の通りです。

部下に勝ち、部下を抑え込もうとし、部下の納得を無視し、部下への支援や支持、部下との相互作用の重要性を認めない。

部長の中には若い頃の現場の実績がなまじあるために管理職としての役割を正しく認識できず、現場のレベルでいつまでも部下と張り合い、部下よりも自分のほうが優れていなければ気が済まない人がいます。不勉強で、勘違い、心得違いもいいところですが、負けん気の強い性分で、どんなことでも上長は勝者でなければならないという思い込みがあるのです。些細《ささい》な知識や技術、専門的な知見などでさえ部下と張り合います。

いちばん困るのは、彼は自分の考えが最も正しいと思っているので、部下の意見を聴こうとしないことです。ひどい場合は自分の間違いや無知に内心気づいていても頑として認めず押し通そうとします。部下たちの不満や失笑にも気づかぬふり、結果としてマネジメント不在がまかり通ります。

自分では内心手に負えないと思い、部下に丸投げしてしまう無責任部長も困ったものですが、それ以上に弊害《へいがい》が大きいのがこのタイプです。権限委譲以前の問題で、負けず嫌いもここまで高じると始末が悪いと言うしかありません。

部長が課長やメンバーより優れていなければならないのは確かです。ただしそれはオペレーションレベルの知識や技術などではなく、マネジメント能力です。それこそが部を機能させて部の目標達成を図るという部長の役割期待を遂行するのに、より必要な能力だからです。知識や技術などはむしろ部下たちがより優れていて当然なのです。**部長は気持ちよく負けてやって正解**なのです。

アメリカの経営学者R・カッツが、仕事に必要なスキルをコンセプチュアル・スキル（概念化能力）、ヒューマン・スキル（対人能力）、テクニカル・スキル（業務遂行能力）に三区分しています。カッツはこれらのスキルは、組織における階層によってその重要性・必要性が異なると言います。例えば上級管理者ではコンセプチュアル・スキルの比率が高くテクニカル・スキルの比率が低いのに対して、一般のオペレーションの階層ではそれが逆になっている、そしてヒューマン・スキルはいずれの階層でもほぼ同様に必要だ、という考え方です。

このカッツの仮説はビジネスマンにとっていわば常識ですが、この支配志向の困った部長は無知なのか、わかっていてもやめられないのかでしょう。彼が部下に負けまいとする、強い支配志向を示すに至った背景には、彼の個人特性もあるように思われます。つまり、対抗心が強くどんなことでも競争を意識する、負けて勝つ度量がない、負けることに免疫ができていない、などといったことです。こうした特性の改善開発は容易ではないので、部長選抜時に管理職適性をよく見極める必要があります。

こうした困った部長が多く目に付くようであれば、組織文化・風土に問題があることが疑われます。採用基準の歪《ゆが》み、評価基準の偏重、競争を煽《あお》るような現場のマネジメントなどを検討課題にあげてみる必要があります。

販売やサービス関連の組織では、上長を上回る個人業績をあげることが昇進・昇格の手っ取り早い道になっているケースをよく見かけます。ランキングの乱用など競争による管理手法はあまりにも初歩的、安直かつ低劣で、マネジメントとも言えない手法です。長い目で見れば組織内での競争による管理（MBC：Management By Competition）は副作用が大きく、決して成長の母ではありません。それは組織の成果が単に個人の成果の総和でしかないような創造性・生産性の低い、薄っぺらなつまらない組織体質をもたらします。

⑫統制志向タイプ

このタイプの部長によく見られる言動例には次のものがあげられます。

- 部長自らが出した方針に徹底して従わせる。指示に背《そむ》くことを例外なく許さない。
- 決定は部長が自分で下す。部下は黙ってそれに従っていればよいとし、意思決定に参画《さんかく》させない。
- 部長の考えに反論したり、異論を差し挟んだりすると露骨に嫌な顔をする。
- 提案を受け付けない。部下の意向は聞かないし、気に留めない。
- 会議などで部長より先に部下が結論めいたことを言うのを許さない。
- 形式主義で威張る。自分は聞いていないと言って無視したり、むくれたりする。
- デスクのロケーション、会議等での席順や発言順、アフターファイブや接遇の場で権威を認めた扱いを要求し、神経質に反応する。

このタイプの言動特性を要約すると次の通りです。

あらゆる言動に権力志向の臭いがし、自分が中心になっていないと気が済まない、自分の指示通りでないと許さない、自分の一家を作りたがる。

部長と課長は同じ管理職で一段階の違い、平均年齢で五歳の違いでしかありませんが、部長の権限は課長のそれとは大きく異なります。

いささか伝統的組織管理論のキライがありますが、スパン・オブ・コントロール（管理限界）仮説に従って一人の管理者が管理可能な部下の数は八人までと仮定しますと、単純には部長は課長の八倍の部下と権限を持つことになります。

そのためか、一旦部長に成り上がるとかなりの人が潜在的に抱いている権力志向が頭をもたげ、傍目《はため》には滑稽《こっけい》なくらいにあからさまなボス的言動を見せつけることになりがちです。こうした統制志向の強い部長の最大の関心事はしばしば歪みがちで、より大きなチーム成果をあげることや活力に満ちた組織作りよりも、部長として権力を振るい、権力を実感することに向かいます。加えて彼の支配欲が強ければ組織統制志向が一層強化されます。部長の下《もと》に統制がとれ、全員のベクトルが揃っていなければ成果はあがらないと固く信じて疑いません。

組織統制が言動・態度、果ては考え方にまで及ぶともはや異常状態です。彼はオールマイティを自任し、まさにサル山のボス猿然とした存在になります。彼が何よりもこだわるのは自分の権威です。彼が知識武装するのは自らの権威を保持するためで、マネジメントの質を上げるためではありません。自らの指示命令が不適切なため仕事に手戻りが発生し、成果が減っても意に介しません。自分の方針や指示がきちんと守られてさえいれば後のことは一切目をつぶって済ませるのです。

彼が統治するチームは、統制の取れた、一見効率の良い立派な組織に見えますが、困ったことにほとんど例外なく成果は伸び悩み、期待したような成長はできません。「**統制力に依存した管理の限界**」に縛られ、「**自律性を欠いた成長の限界**」に阻《はば》まれるからです。つまりボスの能力以上に発展するチームになれないのです。互いに情報を共有し、意見やアイデアを交わし、刺激しあい、いわゆる「相互作用力」によってチーム力を発揮して高みに上っていくようなチーム成長力を発揮し得ないからです。しかし世のトップの中にはそこに気づかず、一寸見《ちょつとみ》は見栄えの良い統制力だけが取り柄の部長を重用《ちょうよう》し続け、一向に会社が発展しないことを嘆いているケースが散見されます。

⑬ヒラメタイプ

このタイプの部長によく見られる言動例には次のものがあげられます。

●上司にはしょっちゅう顔を出して報告をしたり伺いを立てたりするが、部下には自ら直接コミュニケーションをとろうとはしない。
●上司には慇懃《いんぎん》な挨拶を欠かさないが、部下には挨拶されれば尊大に返すのみで自らはしない。
●組織成員の顧客満足とは上長の意向を満たすことだと平然と言う。自らも些細《ささい》な意思決定でもしばしば上長の意向を気にし、それに沿うように努める。
●現場に出向き気軽に対話することがない。アフターファイブも部下とはあまり付き合わない。
●意思伝達は会議など公式な場の外ではあまりない。非公式のオープン・ミーティングを持たない。
●部下への指示はメールを多用し、命令口調でする。もっぱら為すべきことを示すだけで、その背景、理由の説明は面倒臭がって簡単に触れるだけか、端折《はしょ》る。
●部下の気持ちや意向に気づかない、あるいは無視する。

このタイプの言動特性を要約すると次の通りです。

上司とのコミュニケーションは密だがメンバーとの対話は少ない。情報の共有や相互作用の重要性

がわからず実践しない。上の意向に沿って仕事をし、部下や顧客のほうを向いたマネジメントをしない。

マネジメント能力領域の三つのうちの一つである対人能力には大きく二つあります。一つは部下や同僚さらには上司に対して目的の達成に向けて影響力を及ぼしていく能力、つまりリーダーシップ能力領域です。もう一つは他者と対話をし、自他の考えを互いによくわかり、気持ちを通わせ合い、気持ちよく仕事をしていけるようにする、いわゆる生産的な職場環境を形成する能力領域、つまり目的性のあるコミュニケーション能力領域です。この後者の対人能力については、筆者の仕事の経験からすれば、女性の管理者、経営者のほうが優れているのではないかという印象です。

これからはコミュニケーション能力に長《た》けているだけでは優れたマネジメントはできませんが、それが十分でなければ優れたマネジメントはできません。かつての安定した環境下では経験豊かな部長がしっかり管理統制すれば万事うまくいきました。しかし激変する環境下では万能の部長など望むべくもありません。であれば対話力と相互作用力を発揮し、組織の成員の自律的な創造活動によって新しい知恵・価値を産み出していく、いわゆる学習する組織づくりによって環境への適応力を高めていくことが求められます。その際絶対に欠かせないのが優れたコミュニケーション能力の装備です。

ところが部長の中には対話を面倒臭がる人が少なくないのです。このような人はそのままでは明らかにマネジメント適性を欠いており、早急に改善開発が必要です。

しかし現状は、組織内のコミュニケーションの環境は、いろいろと困難な状況に直面しています。例えばeメールの問題です。メールは情報のスピードアップと情報共有化の促進には大きく貢献しましたが、他方で口頭コミュニケーションが希薄化したり、せっかく情報を共有しても、それを活かした協創的なチーム活動に結びつけられない、などといった副作用もあります。出社したら挨拶もろくに交わさないでメールチェックにしばし没頭する、同じフロア内ではもちろん、極端な場合は隣り合わせでも直接対話をせずにメールを使うありさまです。部長自らがそうで、そうした状況に何の疑問も持たず看過《かんか》している、という実態があります。これでは人間らしく気持ちよく働ける、活気に満ちた職場は実現しないし、生産的で創造性に富んだチーム活動も期待できません。

業界トップクラスの機械メーカーで役員候補者のアセスメントをした際のことですが、「私はメールは健全なコミュニケーションを阻害することを痛感していたので、執行役になったのを機に本社内で私と顔を合わせることのできる部下からのメールは一切受け付けないことを宣言し、皆にもそうお願いしました。お陰様で職場の空気が大いに良くなり、満足しています」という方がいました。

面白いことに、上長に対しては、できればメールを避けて口頭でコミュニケーションをとりたいと考えている人が部長には多いように思われます。彼らはメールの限界を実感しており、面倒でも上司の〝覚え〟をより重視して口頭を選ぶのでしょう。

上だけ見て行動する人のことを両目が上のほうについているヒラメになぞらえてヒラメ族と言います。コミュニケーションのヒラメ族は意思決定のヒラメ族でもあるのです。部下の気持ちを把握して意思決定に彼らを参画させようとする意識は薄く、活気と創造に満ちたチームづくりも期待できません。そんなわけで本人の思惑とは違って彼ができる部長になる道のりは遠いように思われます。

いずれにしても、何よりも部下には良い仕事をしてもらい、上司にも仕事ぶりをよく理解してもらうには、部下にも上司にも適宜生《なま》のコミュニケーションを密にとることが重要だということになります。

⑭他責タイプ

⑭から⑱までは個人の特性に問題のあるタイプを取り上げます。まずは失敗を他人のせいにする他責タイプの部長です。このタイプの部長によく見られる言動例には次のものが

あげられます。

●上長や外部に対しては部下やチームの成果を自分の手柄として扱い、吹聴《ふいちょう》する。
●成功は自分のマネジメントぶりが良かったから、失敗は部下に問題があり指示通り動かなかったからと言う。
●失敗は状況が変わったから、条件が悪すぎたから、と環境のせいにする。
●自分の失敗や間違いの言い訳をくどくど言う。
●問題の本質を問われると、好んでトップの至らなさや組織の体質のせいにしたがる。
●失敗したのは、上長がビジョン、方向、戦略、具体策を示さなかったからと公言し、あるいは陰で上長の指示が不明確・不適切であったからと言う。
●関係部署の無理解、非協力、動かないことを責め、だから成果があがらないと嘆いて終わる。

このタイプの言動特性を要約すると次の通りです。

部下の手柄は横取りし、失敗を他責にする。言い訳が多く、自己弁護と自己防衛に専心する。

組織疲労が表れてくると部長のマネジメントにも普通では考えられないような困ったケ

ースが発生してきます。例えば部下の汗の結晶、チームの創意工夫の成果などを巧みに白分の手柄にしてみせるような詐術《さじゅつ》に長けたエセ部長が生まれてきます。失敗は部下、他部門、取引先をはじめ、気が強い人ならトップや上長など、いずれにしても自分以外の他者のせい、あるいは環境や競合相手のせいにするなど、部長の名が泣くような恥ずべき責任転嫁《てんか》を平然とします。

彼には自己責任感、結果責任意識がなく、役割意識が不足し、自立性が未熟です。上長を除いて周囲の誰もが問題部長と見ているのですが、こういう人物に限って上長に取り入るのがうまく、しぶとく生き残っているのです。彼らのせいで組織の活力は日々削《そ》がれていきます。

こうなると部下も真面目にやっているのが馬鹿らしくなり、上司を見習って自己防衛に走ります。聞いていなかったから、指示がなかったから、曖昧《あいまい》ではっきりしなかったから、本来自分の役割ではないから、指示はしたけれど相手が動かないのが悪い等々、言い訳の種はいくらでもあります。普通のマネジメントでは考えられないようなひどい話ですが、現実には似たような現象はしばしば見られます。

見通しが利かない難しい経営環境下で、トップ層のマネジメントが定まらず、方向づけが明確にできないでいると経営は構造的に不良化し、閉塞《へいそく》状態からなかなか抜け出せません。そうした状況下では駄目な部長ほど前向きな正攻法の取り組みに依《よ》らず、手っ取り早く他人を責めてその場をしのぐ誘惑に駆られやすいのです。一旦こうした「他責のマネジメント」を認めてしまうと、前述のような惨憺《さんたん》たる状況がいとも簡単に現実になり、日々重症化していきます。

目標未達成や失敗、あるいは間違いを犯した際にくどくどと、しかも巧妙に言い訳する人は、元来決断力が弱く、自分に甘い人です。こうした人物が間違った評価で部長になり、業務統制に権限を振るうようになると悲劇です。当初は上層部から頼もしいとしばしば勘違いされがちですが、組織体質は次第に「他責症候群」にはまっていきます。組織は活力を失い、徐々に衰退していきます。これを避けるには他責の悪循環を断ち切らなければならず、直ちに人事の刷新《さっしん》と一連の組織文化の変革を行わなければなりません。

コンサルタント先の企業で部長昇格者を選抜する人事委員会などの場では、次のような二つの異なる光景を見かけます。A社では委員会に出席した部長が部下のa課長の昇格を実現すべく熱心に対立候補者の欠点を並べ立て、a課長の優位性を説きます。同席する他の部長も同様の対応をします。他方B社では同じく部長が部下のb課長の昇格を実現すべく熱心にb課長本人の長所と可能性を説きます。

お気づきのように、B社は生産的、ポジティブな体質で何ら問題がありませんが、A社は明らかに他責の組織風土が蔓延《まんえん》しています。言葉巧みに他者を責めて自らを救う、他を貶《おとし》めて自らを立てる、A社では実際そうすることが有効なのです。だから皆がそうするようになってしまったのです。そうした組織風土は結局トップが作ったものであり、その〝薫陶〟を受けた先輩幹部たちが伝えてきたものです。彼らはしばしばブラックユーモア術に長け、自分には甘く、他者への攻め口は舌鋒《ぜっぽう》鋭く、他を圧倒します。こうしたお手本を見て課長や社員たちも他責の攻撃術を磨き、上を目指す、こうして他責文化が根付いたのです。放っておけば今後も後輩たちに継承され、強化され、組織の発展や人の成長を阻害し続けることになります。

某空運会社で企業革新の大鉈《おおなた》が振るわれた際、マネジメント革新の一環として将来の経営幹部候補者のアセスメントを実施する機会がありました。その際、評価能力項目の中にこの非他責が取り上げられ、創造的な組織構築と組織文化づくり、顧客満足の強化などの一連のチェンジ・マネジメントの基幹をなす能力の一つとして位置づけられました。

これはこの組織が様々な要因によって他責文化に陥っていたという反省を踏まえた結果です。一度他責文化にはまってしまうと脱出は容易ではありません。なぜなら他責文化の組織の中では他責を続けなければ生き残れないという考えに皆が縛られてしまい、変革のイニシアチブを誰もがなかなかとれないからです。覚悟を決めた「決死隊」の出現や外部から大鉈が振るわれることでようやく可能性が生まれてくるのです。

一般に、官僚型組織にあっては減点主義の評価が主流ですが、減点主義の評価は他責文化を生みやすいのではないでしょうか。他責は政治・経済・社会・家庭のいずれの場合であっても未来をより良いものにする糧《かて》にはなり得ません。

⑮安逸タイプ

このタイプの部長によく見られる言動例には次のものがあげられます。

●前年にならって普通のありきたりの目標を立てる。
●仕事の出来栄えは人並みのものを目指す。それ以上のレベルに自ら挑戦しようとはしない。
●人並みにがんばるが結果にはあまりこだわらない。予定のステップを踏んだら期限を残していても終える。
●当初予定した目標が達成できればそれで満足する。さらなる積み上げを目指して努力することはない。
●上昇志向やキャリア志向が強くない。高業績や自己開発にあまり執着しない。
●顧客が不満を示さなければ良しとする。さらなる顧客満足に自ら進んで取り組もうとはしない。
●メンバーに挑戦的目標を強いたり、さらなる高成果を目指すように働きかけたりしない。

このタイプの言動特性を要約すると次の通りです。

安きに流れ、並の成果に自己満足する。チームにも無理をさせない。

元来望みが高い、あるいは「志」が高いというか、はたまた欲が深いというべきか、とにかく普通では決して満足しない人がいます。他方で普通か普通以下でも満足している人もいます。前者は高成果志向性の強い人です。彼はしばしばより上のキャリアを目指す上昇志向性も強いようです。高成果志向性と上昇志向性を合わせてエクセレンス志向性という場合もあります。これらの能力の高い人は基本的にマネジャー適性が高いことが多いようです。

こうした能力特性は、例えば目標の設定という最も日常的で肝心なマネジメント行動に端的に表れます。つまり自分に対してはもちろん、他者・メンバーに対しても挑戦的な目標設定を求めます。またその達成過程においても安易に満足せず、さらなる積み上げを図ります。彼は個人特性として挑戦性に富んでいます。

ところが安逸《あんいつ》タイプの部長は、万事逆で、目標設定はもちろん達成行動のプロセスも変わり映えのしない、あっさりしたものです。やれと言われたことをやれば仕事をしたと見なし、ありきたりの成果で満足します。粘り強い取り組み、より良い成果への執着がありません。極端な場合、目標に達していなくても一生懸命やったからまあいいかで済ましてしまいます。一言で言えば、「小成《しょうせい》に安んずる」タイプで、ややもすれば言われたことはしっかりやるが、それ以外のことはしないタイプです。メンバーに対しても同じです。

こうした部長は仕事にも自分にも甘く、あまり表立って問題にはなりませんが、部長としては実は大変困った人です。彼は課長時代はしばしば部長の指示は確実にこなし、部長の覚えめでたい優秀な課長でしたが、部長や経営幹部としては明らかに不適格です。彼が部長では本人もチームも並以下の業績に留まるでしょう。部下育成など万事がそうで、顧客満足も決して高くはなりません。

アセスメント結果が事務局・人事や上長の評価とかなり食い違うケースは、組織によって異なりますが、大雑把《おおざっぱ》に言って三割弱から少なくとも一割程度は出ます。この中でライン系（製造・営業など）に多いのが「業績が良いのにアセスメント結果が悪い」というケースで、これはわかりやすいのですが、スタッフ系（総務・調査など）に多いのがこの安逸タイプ部長のケースで、ちょっとわかりにくいようです。

彼はしばしば超一流の学歴、優れた論理考察力と高い計画力・管理力を有し、トップ層の指示には率直かつ的確に応えて上司の覚えも良いのです。しかし、この高目的志向性と挑戦性のエクセレンス志向が弱いと、優秀な部下、優れたテクノクラートではあってもエクセレント・マネジャーにはなり得ません。指示されたことをきちんとこなす、という安逸タイプのレベルでは、さらなる成長、さらなる企業革新は見込めません。

このエクセレンス志向性は、能力区分では思考領域、対人領域ではなく個人特性領域の能力です。この能力不足には、成果への執着心、挑戦性、上昇志向性、自立性、革新性などの不足が密接に絡んでいます。そして厄介なことに後述のようにこの個人特性領域の能力は、他の思考領域、対人領域の基盤になっているもので、開発がそう簡単とは言えません。したがって安きに甘んじるタイプの人はマネジメント能力に重大欠陥を抱えているのです。じっくりと時間を掛けてでも改善・開発に取り組んでいく必要があります。

自分自身にはエクセレンス志向性は十分なのに、部下に対してのみ不足する、というケースもたまにあります。この場合は成果志向性の不足と、厳しいことを言って部下の反発を受けたくないという過剰な感受性、さらには組織リーダーシップの不足も考えられます。これらの改善・開発はそれほど難しくはありません。

⑯存在感希薄タイプ

このタイプの部長によく見られる言動例には次のものがあげられます。

●意見は感触や論理を小声で自信なさそうに述べる。
●成功、成果への見通しの難しさをつぶやくなど何事も冷静にしかし悲観的に考える。
●将来のリスクを好んで取り上げ、不安げに解説する。「××に陥らないように」などネガティブ話法で注意・訓示する。
●言動に活力やタフな持続力が感じられない。万事おとなしく、疲れやすい。
●側《そば》に行っても圧倒感が全く感じられない。オーラなど心を動かすものが何も伝わってこない。
●行動力に欠け、腰が重い。
●人のハートに訴求し、人を惹《ひ》き付けるような話がない、あるいは話し方ができない。ボソボソと覇《は》気《き》のない沈んだ言い方、あるいは事務的な話し方をする。

このタイプの言動特性を要約すると次の通りです。

頭が良く、陰日なたなく、そつなくコツコツと真面目に仕事をこなすが、万事控えめでエネルギーや強い信念が感じられず、悲観的で自信がうかがえない。夢を語ることがなく、人の気持ちに訴えて

感動を与え、人を動かすような言動がない。

管理者は常に自信と不安との間を揺れ動きます。それというのも管理職は本来、日々相次ぐ問題や課題を解決するのが役目ですが、それらの中には初めて経験するもの、解決が覚束ないものも少なくありません。経験の範囲内であればある程度見通しなり目安を持って臨むことができますが、未経験の問題は解決の見通しを持てるとは限りません。なまじ頭が良いと真面目にいろいろ考えすぎて、常に不安を抱えています。不安は管理者の行動を不安定にし、自信なさそうに見せてしまいます。

特に将来の危機は不安の種です。管理者はまだ見ぬ危機にいつも苛《さいな》まれます。一般に危機管理力には、大別して二つのスキルが必要とされます。現に発生している危機を統治する「クライシス・マネジメント」と、将来予測はできないまでも予想はできる危機を防止、回避する、あるいは極小化する「リスク・マネジメント」です。多くのマネジャーはそのいずれも未経験です。マネジメント課題としては難事中の難事です。事前学習しても想定外のことが多く、決して安心はできません。試行錯誤は避けられず、それは間違いなく大変エネルギーがいることです。

特に潜在するリスクに対するマネジメントは最も困難で、兆しを見て的確に予測することは実際にはほとんど不可能です。論理的推論を重ねて対策を打ち出してもその多くはタイミングを失しています。それでも分析・予想し、判断・決断して危機やチャンスに対処する実質的な責任者はトップや課長ではなく部長の役目です。現場への距離が近からず、遠からず、現場力と俯《ふ》瞰《かん》力の発揮に程よい距離感が持てるからです。しかし真面目に考えれば考えるほど不安は大きくなるばかりです。自信なさそうになるのも無理からぬ面があります。

　リスクに対するマネジメント・スタイルとして、楽観的と悲観的、どちらが良いのでしょうか。ビジョン志向の人や状況がよくわかっていない人は前者に、分析力があり見通しの良い人はしばしば後者になりがちですが、実はどちらも現実的ではありません。前者は致命傷を負ってしまう危険性があり、後者は言動からパワーを奪われ、部下や周囲の人のやる気や活力を削いでしまいます。

　実践は容易ではありませんが、理想は、情報は正しく伝えながら「**内なる悲観、外なる楽観**」を心がけることです。すなわち常に状況に目を光らせ、頭では最悪の事態も想定しながらも人には決していたずらに不安を煽らず、楽観的に振る舞い、夢を語り、ゴール到達とその歓喜を自信たっぷりに見せる言動です。

　管理職の役割を本当にはよく理解していないで、あるべき論を地のままに行えば悲観的に流れてしまいがちです。このタイプは組織のご意見番を自任している人の中によく見かけます。

友を選ぶには「六分《りくぶ》の侠気《きょうき》、四分の熱」などといいますが、逆に「六分の侠気と熱、四分の論」を見せる人は自信に満ち実行力がありそうで、粗いものであっても筋道を立てて力強く発信する夢は現実味を帯びて迫ってきます。存在感のある人として映り、いきおい組織内で影響力も発揮できます。

⑰部門利益代表タイプ

このタイプの部長によく見られる言動例には次のものがあげられます。

●全社、お客様、社会が主語ではなく、常にわが部、私が主語になる。

●全社的にはあまり意味がないこと、場合によっては利益を損ねるようなことであっても自部門の利益になることなら力を入れて取り組む。

●自部門の業績は人一倍気にするが、全社の業績には関心が薄く、訊《き》かれても的確に即答できない。

●他部門を軽視する。自部門のミッション遂行が最重要で最優先すべきだと考えている。

●他部門からの要望には耳を貸さないが、自部門の仕事をやりやすくするために他部門への要求は細かく、口うるさい。
●自分の決定が他部門や全社にどのような影響を与えるか考えず、自分勝手に言いたい放題を言い、やりたい放題をする。
●顧客満足は掛け声だけで実際の仕事ではたいして重視していない。後工程のことは身を入れて考えてはいない。

このタイプの言動特性を要約すると次の通りです。

自部門利益しか眼中になく、いつまでも部門利益代表者の感覚しか持っていない。全体利益、顧客志向、社会貢献の視点が弱く、口にはしてもそれらを本当にはわかっていないし、やってもいない。

管理職は職位、職階が上がり、偉くなるほど仕事の目的や目標をより大きく、またより広く持たなければならないという基本原則があります。

しかし世の管理者の中には、部長になってもチームリーダーや課長の時代に身につけた競争の行動原理から抜け切れていない人をたびたび見かけます。その多くは課長時代に部門利益代表者として活躍した人物です。人一倍声が大きく、他部門と渡り合って打ち負かし、自部門の利益を勝ち取る勝利者です。上長からは頼もしく見られ、部下たちからは頼りにされ、内部評価は良好です。

ところが期待されて部長になっても、かつての成功パターンから一歩も抜け出せないために困ったことになります。相変わらず舌鋒鋭い部門利益代表者然とした存在では部長の器としてはいささか小さすぎ、うるさいだけの鼻つまみ者と見なされ、一年後には早くも困った部長の仲間入りをせざるを得ません。

トップがそうした了見の狭い部長を元気があってよいなどと安易に重用したり、上長がこの身勝手な部長のうるささに音《ね》を上げて好きにさせているケースは悲劇です。そうした組織ではいつの間にか「俺が、俺が……」「わが部さえ……」といった自己利益だけを主張し合い、協創ではなく競争にあけくれる視野の狭い、ギスギスした組織風土を作り上げてしまいます。

自部門利益の代表者としてだけ振る舞う困った部長の言動と、組織の全体利益の実践者として動く優れた部長との間には言動特性に大きな違いがあります。

前者の特徴的な点は部下の歓心を買うことに強い執着心を示すことです。部下からボスとして頼りにされることに心血を注ぎます。言動は派手でパフォーマンス過多、アセスメント結果と違ってしばしば力のある部長という評判さえあります。

それに引き換え、できる部長は全体利益志向を基軸にして組織の目的や基本バリュー（価値、評価）、さらに顧客志向の実践を目指し、時には自部門利益を犠牲にすることも厭《いと》いません。しかし皮肉なことに彼は地味であったり、頼りなく見えてしまうことさえあります。彼に必要なのは明快に説明責任を果たすことです。つまり、皆にわかってもらえるような言動をとることです。例えば意思決定のプロセスを面倒臭がらずにわかりやすく説明することです。これはできる部長が生き残るきわめて大事な行動です。

言うまでもなく、創造や改善・改革は、顧客満足を志向するところから生まれます。自部門利益志向のマネジメントにはそれは期待できません。

⑱信なく立てないタイプ

このタイプの部長によく見られる言動例には次のものがあげられます。

- 言うことに表裏がある。相手や場によって虚実を織り交ぜるなど、ご都合主義のことを言う。
- 自分に都合のよい情報だけを出し、都合の悪い情報は隠す。真実を飾り、嘘をつく。
- 言うことがコロコロ変わる。首尾一貫しない。なぜ変えたか、変わったかを説明しない。
- 約束、公約、公的に表明した方針などを重視せず守ろうとしない。言うこととやることが違う。

●組織成員の信頼に応えることを重要視しない。組織成員の本意に目をつぶり、耳をふさぎ、わかろうとしない。
●顧客や関係者の信頼をより高めることを重視しない。顧客にとっての不利益を見過ごしたり、隠したりする。
●コンプライアンス（法令遵守）の意識が低い。ルールや社会規範を軽視し、陰では守らない。

このタイプの言動特性を要約すると次の通りです。

インテグリティが弱く、組織内外からの信頼性が薄い。「信なくば立たず」の格言の通り、信頼性が低く人の上に立てない。

ドラッカーは、「**これからの経営者にいちばん必要な能力はインテグリティである**」と言っています。インテグリティは日本語に訳せば誠実性、信頼性、高潔性、首尾一貫性、公平性、社会倫理性、遵法性、などといった非常に広い概念の能力です。ビジネスマンとして、つまりは人間として信頼できるかどうかを問うものです。流行《はや》りの言葉で言えば、〝人間力〟のコアとも言える能力です。

基本的な要件として、人として誠実かどうか、言動全体に信頼性があり周囲から好感を持って迎えられているかが問われます。言うことに嘘がない、人を公平に扱う、事実に基づいて話をし、ご都合主義で対応しない、相手が喜びそうなことだけを話すなど情報操作しない、相手によって二枚舌を使わない、言うことが首尾一貫している、などです。

特に顧客やステークホルダーなど組織の外部からの信頼性は大きな要件です。約束を守る、顧客や関係者にとっての不利益を隠さないで情報公開し、直接伝える、等々の行動は今日《こんにち》のマネジメントでは不可欠です。

信頼性とは結果責任から生まれます。結果として相手の信頼に応えられたかどうかです。応えられなかったときには、さらなる信頼の失墜を防ぐために最大のエネルギーと細やかな配慮を持って説明責任を果たすことが必須です。

信頼性にはコンプライアンスの徹底や、規則やルールの遵守といった基礎的な行動規範も含まれます。

外部から見たらきわめて常識的なことがなぜ守られないのか、なぜ問題が起きるのかというと、それは長年の組織の行動様式が固定化・慣習化し、社会の一般的な善悪の感性から次第にズレてしまい、しかもそのことに新人以外誰も気づかない、つまり「ボケ」、いわば「組織文化ボケ」をきたしているからです。長年その組織のやり方で内向きに一心に仕事に打ち込んでいると、好むと好まざるとにかかわらず一種のボケが起きるのです。ボケはやがて組織に蔓延《まんえん》し、発展を阻害する大きな障害になります。このことをわかって変革のマネジメントに当たることこそ実は部長の最重要な使命なのです。

さらにもう一つ、インテグリティの問題には公平性が含まれます。えこひいきをする部長、学閥、部門閥、地域閥に囚われる部長、これらもインテグリティに問題のある困った部長の類です。

最後に首尾一貫性と適応性の問題について触れておきます。インテグリティの重要な側面に首尾一貫性がありますが、一方ではマネジャー、経営者には適応性がきわめて重要な能力として欠かせません。

あるビールメーカーでアセスメントを実施した際に経験したことですが、経営陣のヒアリングを踏まえて、観察評価する管理者の能力構造を設定する際に、この二つの能力のいずれを選ぶかで対立したことがあります。結論としてはこの両方を必須の能力として取り上げました。もともと、両者は対立する能力として見られていたのですが、そうではないのです。

確かに首尾一貫性とは変わらないことですし、適応性とは一言でいえば変わること、変えることですから一見論理矛盾しています。しかし事と次第によっては、どちらも大切です。つまり組織の基本価値、信念、理念など目的的なものについては首尾一貫性が大切です。これに対して環境変化を察知し戦略を変えるなど主として手段の選択にかかわるものは適応性・柔軟性が大事です。

ある経営者は「朝令暮改のすすめ」ということを言っています。これを誤解して、経営では変わり身の早いことが大事だとし、「わが社のモットー」や「基本方針」をしょっちゅう取り替える会社があります。しかしこれらは目的の変更に当たるので適切ではありません。これに対して目的達成の手段である組織や対策、戦略や戦術を変える、などは単に手段の変更に過ぎず大いに必要なことです。コンビニが天気予報に合わせて品揃えを柔軟に変えるのは、お客様の便宜、満足にすぐに応える、という不変の基本方針と両立するわけです。

困った部長たちへの対応法

これまで見てきた一八のタイプの困った部長の下で一緒に仕事をしなければならなくなった時には、どう対応すればよいでしょうか。

①非常時に弱いタイプ

非常時に弱い困った部長は、先に見た通り、迅速性がない、優先度が危ない、リスクテイキングの度胸がない、主体性が弱い、適応力がない、ストレス耐性がない、対集団リーダーシップがない、のいずれかの能力が不足して特有の困った状態を呈《てい》しているわけです。その不足する能力が何かを見極めることが大切です。それを見極めたうえで周囲の人がそこを補う、あるいは代替する、大胆な権限委譲をはかる、別途の推進体制を組む、といったことが考えられます。

②現在価値守旧タイプ

このような困った部長には、守旧に何の疑問も持たないボケを本人に気づかせ、自己革新を促すしかないのですが、部下のサイドからはこれは困難です。その代わりこのタイプの部長は通常は上長の言に弱いので、トップや上長の方針を持ち出して、目的の遂行に結びつけて助言、説得する方法が効果的です。さらには若干のリスクを覚悟のうえ、指示命令系統の一般ルールを超えて、部長の上司に巧妙に直接アプローチする手もあります。また組織の意思決定の仕組みをより多様化し、委員会、プロジェクトチームなどを多用することも攻め口として考えられます。

③表面対応タイプ

考える能力が自分でも弱いと自己認識している場合は、優れた補佐役を巧みに活用し、事なきを得ているケースは少なくありません。問題なのはその自覚がなく、しかも組織の中枢にいて影響力を行使している困った部長の場合です。それがあなたの上司なら自ら進んで彼の知恵袋となる手があります。また部長のアセスメント研修などによって、彼に自己認識を改めてもらう機会が作れればしめたものです。また、彼の意思決定の不足をカバーするために、研究会や委員会制度など組織の意思決定の仕組みを、積み上げ型で多様な形にする工夫も現実的です。

④改善・漸進タイプ

積み上げないし漸進志向に固まった部長に対しては、戦略的思考を学習してもらい変革に向かって発想転換を促すしかありません。トップ層の変革の号令は効果的ですが、いつも期待できるわけではありません。戦略的思考法の学習はある種の戦略ゲーム演習がかなり効果的ですが、仕事の現場で能力開発を期待するとすれば、ゼロベース思考（先入観や既成概念に囚われることなく考えること）が避けられないような仕事についてもらうのがいちばんです。

⑤能吏タイプ

不幸にしてメッセージ性に欠ける上司の下に配属されたときはどうしたらよいでしょうか。三つの方法があります。一つには、部長とこの部にメッセージ性を期待することはやめて、部長が得意とする着実な仕事ぶりの習得に専心することです。二つ目は、役割代替に挑戦することです。彼の不得意なバリュー絡み、ビジョン絡みの仕事を先読みし、役割分担指示を願い出て巧みに権限委譲を勝ち取り、イニシアチブをとって企画、提案していくのです。三つ目は、部署のイメージチェンジ、変革です。部長に任せていたのでは埋没《まいぼつ》して存在感に欠ける部署に落ちていくばかりです。メッセージ性の発現を部の課題として盛り上げていくチーム構築を図っていくのです。部署内に横断的な勉強会を立ち上げて、発信していく工夫をするなどが効果的です。

⑥優柔不断タイプ

決断力に問題のある困った部長に対しては、決断力自体の問題なのかそれとも他に真因が働いているのか、それを見極めて、効果的な対応の仕方、付き合い方を見つけたいものです。

ここでは決断力自体が問題のケースをあげておきましょう。まず決断の期限を設けるように仕向けることです。先手を打って先送りを防ぐのです。決断力がない部長も追い込まれれば決断します。「結論はX日までということで通知しておいていいですか」とイエス、ノーで答えを迫る形が効果的です。方向づけなどについても彼の意向を読み取り、あなたの考えと結びつけて「その○○の線で行きましょう」と提案するとよいでしょう。会議なら一〇分以内の短時間立席会議なども効果的です。

会議では大勢を早めに作り上げ、部長が早急にダメ押しの断を下せる舞台を用意するなども現実的です。あなたなりの意思決定を内々に持って、イニシアチブをとって上下のコミュニケーションをよくとり、戦略的に調整活動をしておくことが肝心です。彼の逡巡《しゅんじゅん》を断ち切って決断を促すには、あなたが部長席に出向き、お伺い二割、提案八割で結論を引き出すくらいの覚悟と気概が必要です。

⑦とりあえずタイプ

優先度判断が危ない、とりあえずタイプの部長とうまく仕事をするにはコツがあります。彼から仕事を振られたとき、面倒でも仕事の全容を教えてもらい、可能なら手順やスケジュールなど計画を任せてもらうことです。それらがもう決まっているなら必ず自ら再チェックしてみなければなりません。そして手をつける前に必要な変更を進言することが賢明です。彼はともすれば仕事の全体像を摑んでいなくて、全体計画を持たないまま部分的な仕事を次々と指示してくる恐れがあるので十分注意する必要があります。

⑧成果偏重タイプ

成果しか眼中にない部長は、業務統制に精力を注ぎます。彼はそれこそがマネジメントだと勘違いし、厳しい業績チェック、数値管理に走りがちです。彼の予実（予算と実績）管理は厳しくストレートで、時には口やかましくヒステリックにもなりがちですが、そのペースに引き込まれてはなりません。彼には戦術レベルの考えしかなく、考察の幅は限定されており、ビジョンはありません。そこが弱みです。今日のところは柳に風と素直に聞き入れておいて、実際は明日の成果を確実にあげる戦略の遂行に邁進《まいしん》することです。メンバーの自立的な取り組みと創意工夫を引き出したり、競争ではなく協創の発想で彼には想定外の大きな成果をあげ、見せつければ成功です。そのようなチームビルディングはあなた自らが仕掛けていかなければなりません。

⑨円満至上主義タイプ

良好な人間関係を維持することだけを偏重する困った部長を上司に持ったらよほど注意しなくてはなりません。こうした行動スタイルはともすれば無意識の内にあなたに伝染しかねません。何よりも楽で、人からは好意的に見られ、一見居心地が良いからです。十分に自戒し、自らの目的志向を堅持《けんじ》し、それを常に周囲にも問いかけていくことを心がけなければなりません。上司は目的に照らして言うあなたのアドバイスや諫言《かんげん》に内心快くないはずですが、彼は和を重んじるとともに周囲の自分に対する目も大いに気にしますから、会議や衆目の中で、「他部署の当部に対する見方は……」などと言えば効果的です。言い方と発言の場の選択に十分に留意し、会議後に部長の采配、調整ぶりに一言賛辞を添えることを忘れなければ、あなたの目的はかなり達成できるはずです。

⑩キャリア志向タイプ

自分のことしか考えない困った部長は、部長の評価にまで個人業績を持ちこむ不適切な評価制度が災いしている場合もあります。もしそうならこれは早急に是正《ぜせい》するような手を打ちたいものです。もしこのような部長の下で仕事をしなければならなくなったら大変です。まず自分の将来、自分の成長にとって最悪の部長だということをしっかり認識して対応することです。もし可能ならできるだけ早く彼から離れるにこしたことはありません。転出を申し出ることもこの場合許されることだと思います。またどんな困った部長も反面教師としての効用はあるので、そのような視点でしっかり観察するのもよいでしょう。彼は往々にして頑固な反面、彼が要求する成果さえ出しておけば他に関心は示さず放任ですから、そこを逆用して自分の能力開発にしっかり打ち込むのも一案です。

⑪支配志向タイプ

何でも部下に負けまいとする支配志向の困った部長の下で仕事をすることになったらどうしたらよいでしょうか。例えば外部セミナーの受講をしかるべき人、部署から勧めてもらうなどして、本人に認識を改めてもらうよう働きかける。反面教師として黙って学ぶことに徹する。あるいは密かに自己開発に励み、部長に陰ながら勝負を挑んで勝利する快感を味わう、さらには部長には公然と負けておき、密かに所管課のチームビルディングに精を出す、などがあげられます。あなたが目指すべきはコワーキング（共働）、情報共有化力、協創力などを基軸にした生産性の高いチーム・マネジメントです。

⑫**統制志向タイプ**

権威に酔い統制志向に陥った困った部長の下についたらどう対応すべきでしょうか。

ボス猿のコントロールはやりようによってはかなり簡単です。彼の関心事は権威を示すことにつきます。ですから、「二八の原則」でいう肝心な二割の課題を自分たちでしっかり見定め、取り組み、後の八割の問題はボスの好きにさせておけばいいのです。

肝心な二割の課題に細心の注意を払って、事前準備や根回しを仲間とともに行い、自分たちが望む方向で、彼の権威志向を満足させる形をとりながら、彼がお墨付きの断を下すステージを用意するのです。残りの八割の些末《さまつ》なことは彼の好きにさせても大勢に影響はありません。これで成果は十分あがっているはずですから、ボスは自分の手柄として満足しています。

⑬**ヒラメタイプ**

上だけを見て仕事をし、下は仕事をする機械のようにしか見ないヒラメ部長の下につくことになったら、情報や意思決定の複線ルートを持つようにすべきです。

ヒラメ部長がいちばん気に掛けていることは部長の上司の取締役の意向です。そこをうまく突くことです。もしあなたが部長の上司と多少ともコミュニケーションを持っていることを彼が知れば、彼はあなたを無視できません。部下であるあなたの考えや情報に関心を払い、自らコンタクトを取ろうとさえするでしょう。部長の上司とのコミュニケーションコン機会を組織ルールを破らない範囲で積極的に作ることです。取締役とのオープン対話などの機会があれば積極的に出て発言すべきです。あなた一人に限らず部全体でそのような機会が作り出せればさらに効果的です。ヒラメ部長は必然的に目を下に向けなければ生きていけなくなるでしょう。

⑭他責タイプ

もしあなたの周りに困った他責部長がいたらどう対処すべきでしょうか。勇を鼓《こ》してで「そういう言い方は部長の品性を貶めるからよしたほうがいい」とずばり忠告できればよいですが、同僚にはできても上司には相応の覚悟が要《い》ります。前述の人事委員会のケースで言えば、委員長の理解を深め、手を回し、昇格推薦書には他部門の候補者に対する一切のマイナス情報を書かせない、言わせないように封じ込める作戦が効果的です。

可能なら部長の人事考課の能力評価項目に「自己責任意識（他責をしない）」を加えたいものです。

また「職場の不愉快なブラックユーモア言動ワーストテン」などを投票で集め、公表する。彼は悪《あ》しきことと認識していない可能性が高いので、まずそこから手をつける必要があります。

⑮安逸タイプ

「安きに満足する」安逸タイプの困った部長の下で仕事をすることになったらかなり危険です。仕事は楽で良いでしょうが、「悪貨は良貨を駆逐《くちく》する」のグレシャムの法則通り、安逸タイプは蔓延しやすいのです。常に自戒し、自らの高成果志向性を磨く必要があります。困った部長と同じ土俵で仕事をしないことです。安逸部長からの高評価に慢心せず、自らの基準、あるいは経営トップの基準で仕事をすることを心がけるべきです。部長に忠告するのは余程重大なこと以外はやめたほうが無難です。効果は期待できず、恨みを買うリスクが大きいからです。それよりもあなたの部下たちに安逸が蔓延しないように、直接あなたが高成果への動機づけをはかったほうが賢明です。

⑯存在感希薄タイプ

もし、あなたの身近に存在感の薄い部長がいたら、反面教師としてその言動をよく観察しておき、なぜそうなのかを見極めておきたいものです。論理に流れ悲観に身を任せるからなのか、ビジョンがないからなのか、発信しないからなのか、そこをよく見届けておきましょう。そのうえで自ら自チーム内で存在感を高める言動とはどんなものかをよく考え、工夫して具体的な言動に落とし込み、それを実践してみることです。

⑰部門利益代表タイプ

部門利益しか眼中にない困った部長は、三つのケースが考えられます。

ア、自部門利益を犠牲にする勇気・決断力がないというケース。これには「それで部下からの人気が落ちるわけではない」「立派な部長は全社利益を考える」と折に触れて発信し、部長によくわからせておきたいものです。

イ、自部門が何よりも大事で、他部門は全く眼中にないケース。他部門も自部門と同じように価値ある存在として尊重する能力を組織感受性と言います。彼にはそれが不足しており、競争意識や負けん気が強く、自信家で、勝つことこそ能力の証明だと考えています。これに対しては対人感受性を磨かせるのと同時に、後工程と情報を共有し、後工程からの感謝を伝えるなどして相互理解を深めさせることが基本です。

ウ、不合理な評価の仕組みが災いしているケース。部長を単なる部門利益遂行責任者として評価する悪しき仕組みを改変したいものです。

⑱信なく立てないタイプ

インテグリティ、つまり信頼性や倫理的な面で「組織のボケ現象」が部長やチームに見られたらどうすべきでしょうか。身の安全を考慮しながら組織革新を図る以外、自分も組織も将来に生き残る道はないと思いますが、困難の中でどんなリスクテイキングをするかはあなたの価値観と覚悟とマネジメント能力によります。

自分のボケや組織のボケは自分たちではなかなか気づきにくいものです。それに気づいてこそ部長の存在意義があります。しかし困った部長にはそれは期待できません。信頼失墜を未然に防止する変革のイニシアチブがとれるのは、へそ曲がりな正義の人物か、アウトサイダーか、無鉄砲な偉人か、外部からの圧力か、トップの交代か。いずれの場合もトップの認識、変革への強い覚悟が大きなバックボーンとして不可欠です。「組織のボケ」に気づいたあなたがなすべきことは、自分の裁量でできる変革の糸口を探し断行する、組織内に仲間を増やす、様々な手を使いトップを動かす、などといったことです。やるなら腹を決めて取り組まなければなりません。

第二章　部長の役割と必要な能力

前章で見た困った部長たちには、当然のことですが本当はこうあって欲しいという期待があります。部長に期待されているのは何か、同じ管理職であっても課長の役割とは何が違うのか、またそうした役割を果たすにはどんな能力がいるのか、そもそも管理職の能力、つまりマネジメント能力の構造はどうなっているのか、これらに焦点を合わせてみましょう。

1　部長と課長との違いとは

部長の実態

まずはじめに、わが国の部長の実態を見てみましょう。厚生労働省の最近のデータによれば民間企業の部長の平均像は表の通りです。

常用従業員一〇〇人以上では、平均年齢は男性部長五一・八歳、女性部長五二・〇歳。平均給与男性六五・〇万円、女性五五・九万円。平均年間賞与男性二三四・四万円、女性一八三・七万円。平均年収男性一〇一四・四万円、女性八五四・五万円。常用従業員一〇〇〇人以上の規模となると、平均年齢はほぼ同じで、平均年収はざっと二割増になってい

常用従業員規模		平均年齢	平均勤続年数	平均所定給与	平均年間賞与	平均年収	部長構成比%	課長構成比%	管理職構成比%
男性	100人以上	51.8	23.8	65.0	234.4	1014.4	3.1	6.9	10.0
	1000人以上	51.1	25.2	72.4	304.0	1172.8	3.3	7.7	11.0
女性	100人以上	52.0	20.0	55.9	183.7	854.5	0.2	0.6	0.8
	1000人以上	52.3	23.9	71.2	263.8	1118.2	0.1	0.5	0.6
男女計	100人以上	51.8	23.6	64.6	231.8	1007.0	3.3	7.5	10.8
	1000人以上	51.1	25.1	72.4	302.7	1171.5	3.0	8.1	11.1

参考：課長（従業員100人以上、男女計）は、47.4歳、勤続21.7年、所定内給与51.5万円、年収812.4万円

部長（民間企業）の平均像

平成23年版「賃金センサス」（H23年7月調査）—厚労省より　金額単位：万円

ます。

部長という職位の呼称はだいぶ減ってきましたが、それでも統計では部長、課長、係長と区分されています。部長は部を統括し、部の業務目標を達成する役割を負っており、伝統的に管理統制者という色彩が強い存在です。実質的には管理業務をしていない部内部長は結構存在しますが、課長によく見られるようなプレーイング・マネジャーは少ないのが実態です。

本書の冒頭にも記しましたが、ヒューマン・アセスメントから見ると、日本の部長は課長と違ってマネジメント能力についてきちんとした「入学試験」をクリアしているケースは少なく、部長の能力の棚卸しはあまりできていないように思われます。

リーダーとマネジャー

部長とはどんな存在なのでしょうか。課長とどこが違うのでしょうか。

部長は課長以上に優れた監督・統制者でなければならない、あるいは優れたリーダーでなければならないと多くの部長は考えています。それは一面では正しいのですが、それで十分だとは言えません。**部長は管理統制者やリーダーを超えた存在、つまりマネジメントをするマネジャー、ないし経営・管理の担い手、つまり経営管理者（管理者）でなければなりません。**

先述のように、マネジメントとは「いろいろ工夫して目的を達成する」（ドラッカー）ということですが、いろいろ工夫するという意味には次の三つのレベルがあります。

①管理・統制をいろいろ工夫するというレベル。仕事が決められた通りにきちんと進められているかどうかをチェックし、是正し、統制をしていくことです。これは初歩的な管理業務で、この任に当たる者を監督者、または統制者（コントローラー）と言います。

②マン・マネジメントをいろいろ工夫するというレベル。目標を確認し、チームスピリットを構築し、チームやメンバー個々人に様々な働きかけをして戦力化し、全員のベクトルを合わせ目標達成に向かわせます。この任に当たるのがリーダーです。

③経営の最も重要な中核を占める狭義の意思決定の工夫をするレベル。組織の目的、目標をどう定めるか、その達成に向かって何をするか、さらに人、物、カネをはじめ情報、技術、組織文化、さらに近年ではブランドなど有形無形のあらゆる経営資源を目的達成に

向けてどう効果的に活用するか、等々の工夫をしなければなりません。このような任に当たるのがマネジャー、つまり管理者です。

ちなみにマネジメントとは、Doing right things. つまり正しいことをする、換言《かんげん》すれば目的達成に向けて適切で効果的なことは何かを見出し、実施することです。

またリーダーやコントローラーはDoing things right. つまりなすべきことを正しくする、換言すれば定められたことを適切にミスなく実行する、チームパワーを発揮して気持ちよく行うこととなります。

次節でさらに詳しく触れますが、リーダーもマネジャーも目的達成のために機能する存在であることには変わりないのですが、リーダーは一部に計画・管理面が含まれるものの対人能力の発揮が主であるのに対して、マネジャーは対人能力のほか計画・管理面はもちろん、意思決定を含むすべての領域の能力を発現して役割期待に応えるべき存在です。

近年のリーダー論の一部に、リーダーは単にリーダーシップ能力に長けているだけではなく、特定の意思決定能力や個人特性能力を備えたリーダーを理想として説く考え方が流行っています。例えば、リーダーは洞察力、先見性に富んでいなければならない（洞察力、先見性）、自ら優れたビジョンを持っていなければならない（ビジョン構築力）、時代の流れをよく読んで環境変化に適応していかなければならない（外部環境認識力、環境適応力）、変

●マネジメント：リーダーシップに先行し、あるいはそれを一部として統合的な組織機能を果たします。
●リーダーシップ：対人的影響力を重視し、監督者の機能に近似します。

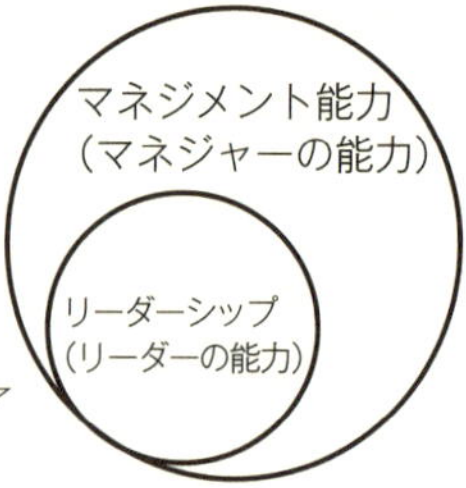

1　マネジメントが経営資源全体（人、物、資本、情報、技術、組織文化、ブランド）の有効活用を対象とするのに対し、リーダーシップは、主として人的資源を対象とします。
2　優れたリーダーシップは、基本的には優れたマネジメントが前提となります。マネジメント能力を欠いたリーダーシップは限られた局面でしか機能しません。
3　マネジメントの二局面――定型的業務の最適化を図る場面と創造・変革的業務によって革新的な成果を図る場面――では前者の場合はリーダーシップが優れていれば事足ります。後者の場合は、マネジメント能力が優れていなければリーダーシップは機能しないし、期待成果はあがりません。
4「リーダーを積極的・能動的に、管理者を消極的・受動的に特徴づける」（ザレズニックら）説はリーダーの役割を過大視し、逆に管理者の役割を過小視し、監督者に近似させるもので、組織機能についての認識を欠く視点といえます。
5　マネジメントでは、上位者ほどより強く実行責任（responsibility）と、それ以上に結果責任（accountability）が問われます。
※リーダーシップでは、第一義的には、影響力とそのプロセスが問われるのにとどまります。

マネジメントとリーダーシップの位置づけと関係

参考文献：田尾雅夫『組織の心理学』より（一部筆者加工）

革リーダーでなければならない（変革力）、あるいはリーダーは正しく意思決定できなければならない（判断力、決断力）、といったことです。

しかしこうした言い方は適切ではありません。リーダーをどう位置づけるか、リーダーとマネジャーないし経営管理者をどう仕分けるかの問題には、いわゆる「正解」があるわけではありませんが、リーダーはリーダーシップを発揮する人、あるいはもう少し広げて対人能力を発揮して人とチームを機能化させ目的を達成する人という範囲に留めるべきで、リーダーに対する役割期待をそれ以上広げないほうがよいでしょう。そうしないとリーダーはマネジャー、経営者、統治者と同義語となってしまいます。

流行のリーダー論を説く人は、マネジメントを狭義の管理ないしコントロールと捉え、マネジャーをコントローラー（監督者）と見なしているケースが多く、そこからリーダーは「マネジャー」を超える存在であるべきだとする考え方に陥るのです。

しかしそれはマネジメントやマネジャーの正しい理解に立っているとは言えません。マネジメント（経営管理、広義の管理）はその一部にコントロール機能（狭義の管理）とリーダー機能とを含み、さらに中核となる意思決定機能をも含む、とする考え方が現在の世界標準とも言えるものです（例えば田尾雅夫・京都大学名誉教授が『組織の心理学』の中でリーダーシップとマネジメントの定義づけを紹介されており〈右の図〉、なおかつこの説が世界的な定説と指摘されています。筆者もこの考え方に拠ります)。

課長の延長線上の役割と能力

次に部長の役割、あるべき姿を課長との違いという面からもう少し掘り下げてみましょう。部長の役割は基本的には課長の延長線上で考えられるものと、これとは別に課長時代には問われなかった新しい役割との二側面があります。

課長の延長線上の役割とは、部というチームを機能化させて、所定の仕事を適切かつ効果的に推進し、成果をあげること、部の目標を達成することとです。部長に問われる成果は当然課長よりも大きくて広範です。それに必要な能力は課長のそれと本質的な違いはありませんが、同じ能力でもより高い、より強い、より広い範囲のものが要求されます。

リーダーシップに関して、あるメガバンク系のソフトウェア会社でこんな実例がありました。課長時代は直属部下がチーフ二人、課員八人でよくコミュニケーションをとり、率先して仕事に取り組み、親身になって指導・育成もし、プロジェクトの目配りもほぼ漏れなくできるいわゆるハイパフォーマーだった人が、抜擢《ばってき》され部長として三人の課長、四〇人余の部員を動かしていかなければならなくなった時、二年経っても部長として結局機能できませんでした。

部長という役職は、課長時代のように自らが率先垂範し、一人ひとりにきめ細かい指導や対応をすることはできません。対象となる組織・チームの大きさの違いは重要です。課長時代は二人のチーフとせいぜい数人に影響力を及ぼせばよかったものが、部長ではその数倍に広がります。影響を与えるという意味では、八人でも四〇人でも何ら変わりはありませんが、個人に対して影響を与えるのと、組織・チームに対してそうするのとでは、どういう場面でどういう言動を示すかが違います。課長の場合、個人リーダーシップでもやりようがありましたが、部長に求められるのは組織リーダーシップです。個人リーダーシップよりもより強く、大きく、広いものが要求されます。

この点をもう一歩踏み込んで考えてみましょう。

リーダーシップというのは、他者や集団に影響を与える行動、いわゆる影響行動を効果的に発現することを指します。影響行動には、「命令する、脅す、禁止する、号令する、訓示する、指示する、理解させる、叱咤激励する、督励《とくれい》する、説得する、同意を求める、働きかける、期待する、指導する、手本を示す、率先垂範する、先導する、誘導する、調整する、協力を促す、誉める、評価しフィードバックする、承認する、共感する、賛同する、感動する、巻き込む、多様な方法で動機づける、挑戦を仕向ける、目標を示す、方向づけする、目標を共有する、ビジョンや夢を共有する、成功のシナリオを語る、一緒に考える、気づかせる、危機を認識させる……」等々、実に様々な言動があります。

そしてこれらの影響行動はタイミング、場面、対象によって効果的か否《いな》かが決まります。個人や小チームには効いても大チームに効かないもの、共通して効くもの、一時的には効いても長続きしないもの、新人には効いてもベテランには効かないもの、など様々です。

指示・命令する、がリーダーシップの典型と考えている人は今日ではさすがに少数ですが、それでも率先垂範、あるいは先導性をリーダーシップの絶対条件だと考えている人は決して少なくありません。また逆に、どんな場合でも一人ひとりにきめ細かくコミュニケーションをとり、意見を聴き、アドバイスをし、誉めるやり方でなければ駄目だと確信している人は今日ではかなり多くなっています。

しかし、これらはいずれも常に効果的とは限りません。係長かせいぜい課長クラスでは効果があっても、部長ではあまり機能しない言動も少なくありません。部長では対象人数が増えるばかりでなく、状況もいろいろと多様で複雑な場面が増えます。例えば率先垂範やきめ細かい指導が大集団相手では効果が限定的になることは容易に想像できます。

組織に対するリーダーシップは、一人ひとりの関心と心理状態を推し量りながら、チームが置かれた状況を読み取って、言動を発現していかなければなりません。例えば、時には自らの内なる情熱を開示し、集団の中のあるモデルにフォーカスし訴求する、ビジョンや目標を示す、集団のベクトルを合わせる、チームスピリットを謳《うた》い集団意欲を高める、あるいは利害対立する集団の共通利益ないし全体利益を示す、潜在するリスクを明らかにして組織に危機感を持たせる、あるいは不安を取り除き、いずれ手に入るであろう安心と希望を描いてみせる、など状況に合わせたポリティカル・プレゼンテーション力が必要です。

　こうした大組織に対する影響力行使に関しては「制度的リーダーシップ」（P・セルズニック）という考え方があります。つまり組織に理念、哲学、価値を注入したものを制度と見なし、これが大規模な組織を有機体として機能させるのだという考え方です。リーダーシップにマネジメント機能の一部を抱き合わせた考え方です。この考え方に拠れば組織リーダーシップを効果的に発現していくためには理念、哲学、価値に関わるマネジメント能力、つまり意思決定能力の装備がどうしても必須だということになります。部長が部に対してリーダーシップを効果的に発揮するためには課長時代に奏功《そうこう》した対人能力に加えて意思決定能力を併せて発現していかなければならない理由の一つがここにあります。

これからの部長に要求される新しい役割と能力

部を機能化させて、仕事を効果的に推進し、課長時代以上に大きな成果をあげる、そういう課長の延長線上の部長の役割は、実のところ今後は次第にウェイトが低くなっていくと考えられます。それは後に続く課長たちがどんどん成長し、部長に取って代わってその役をこなしていくことになるからです。そうなると部長はもっと新しい役割を果たしていかないと存在意義を失います。

課長の延長線上とは違う部長の役割、これからの部長の存在意義を示す役割とは何でしょうか。それは**変革者**つまり**新たな価値創造者**としての役割です。現在の事業の成果を着実に獲得していく能力と、明日の事業の可能性を洞察し、新しいビジネス・モデルを創造し、具現化していく能力は明らかに別物です。

現在の事業の成果を確実に獲得していく能力には問題解決や改善などの能力が含まれています。しかし明日の事業を切り拓く変革・改革はこれとは本質的に異なります。改善は現状を活かしながら変更を上乗せしていくものです。しかし変革（改革）は現状を見定めたうえで一旦そこから離れ、あるいはこれを否定し、全く新たな基準で組み直すものです。

現在は、どんなビジネスも常に環境変化の中で終焉《しゅうえん》の危機に晒《さら》されており、改善では太刀打ちできなくなるリスクを覚悟しておかなければなりません。一年前に成功したやり方に改善を加えたので今期も首尾よくいくだろう、という安心感に浸れたのは過去の話です。生き残るためには変革が必須です。

事業の生き残りとさらなる発展、展開に繫がる能力は革新（イノベーション）、変革（レボリューション）と創造（クリエーション）です。これこそ部長の役割で、部長に必要な能力です。不断の改善、改良に加えて、環境変化の底流を見極め、現在のビジネス・モデルを常に見直し、革新的な変革、事業再構築（リストラクチャリング）あるいは創造を行うことです。

部長クラスに特に変革、創造が要求される根拠は何でしょうか。それは次の三点が考えられます。

一点は変革が他部門に、場合によっては全社に及ぶから。自部門がよく見え、組織全体をそれなりに俯瞰できる位置にあります。

二点は変革が自部門を超えてその組織の根幹（つまりコア・コンピタンス、例えば主力の商品・技術・サービス、事業モデル、市場・顧客、ブランド）に関わることが多いから。

三点は変革の程度が革新的だから。革新的とは、例えば生産性の改善が五パーセントとか、一〇パーセントのレベルではなく、五〇パーセントとか、倍増という意味です。逆に撤退とか、半減などもありえます。改善を超えた視点が必須です。

これらのマネジメント行動は、もう役員、経営層の仕事の範囲といってもよいわけですが、第一の意思決定者、イニシアチブをとるのは部長クラスの役割と言っても決して間違いではないでしょう。

部長に要求される非常時の役割

このほかに部長に求められる役割をあえてあげるとすれば、**非常時に適切な対応をする**ということでしょう。

非常時とは、ビッグチャンス、ビッグリスクに直面する時です。ビッグチャンスに気づかなかったり対応を間違えたりすると大きな機会損失になります。ビッグリスクも同様で災厄《さいやく》を回避できなかったり、災厄による損失を最小限にできず、より大きくしてしまいかねません。

もともと組織、制度やマネジメントの仕組みは一般に平時に強く、平時においてより効率的に機能するように作られています。しかし非常時、特にビッグリスクへの対応は一応想定されてはいますが、一般に発想が限定的、経験的なものに陥りがちで、実際の災厄は経験則をはるかに超えて生じることが多く、あまり役に立ちません。

つまり非常時は誰もが未経験で、経験則は効かないことが多いのですが、部長には多少なりとも間接経験も含めて経験の多さ、幅広い視点と分析力、判断力、さらには、鍛えられたストレス耐性や胆力が期待されます。

平時とは違って非常時に必要なマネジメント能力というものが何か別にあるわけではありません。必要な能力をざっとあげれば、右記の他に、情報収集力、情報の統合力、全体像把握力、優先度判断力を順に駆使し、短期長期のゴール構築をし、決断をする、リスクテイキングをする、実行に当たって役割配分を指令し、組織リーダーシップを発揮する、といったことです。これは平時でも必要なものばかりです。しかし、これらすべてにわたって決定的な違いもあります。それは迅速性です。すべての能力が迅速に発現されることが絶対的条件です。そのため一見違った能力に見えることもあります。例えば組織リーダーシップは、支援型ではなく明らかに指示命令型に傾くでしょう。しかし影響行動という本質に違いはありません。

2　管理職の役割責任と必要な能力の構造

三つの役割責任と必要な三つの能力領域

ここで一般的にいわれる管理職の役割責任とその遂行に必要な能力を見ておきましょう。

管理職の役割責任は三つあり、その遂行に必要な能力領域も三つに集約されます。

①成果達成役割責任。この遂行に必要な能力領域は三つあります。一つはよく考えて仕事をする能力、つまり課題形成的（または広義の意思決定）能力領域、二つは人を効果的に動かす能力、つまり対人能力領域、三つは個人的なパーソナリティに近い能力、つまり個人特性的能力領域です。

②人材育成役割責任。この遂行に必要な主な能力領域は二つあります。対人能力領域と個人特性的能力領域です。

③社会的責任。この遂行に必要な主な能力領域は個人特性的能力領域です。

成果達成役割責任に必要な課題形成的能力領域とは

まず成果達成役割責任とその遂行に必要な能力について見てみましょう。

管理職に求められるのは、まず成果責任（アカウンタビリティ）であり実行責任（レスポンシビリティ）です。つまり部署に課せられたミッションの遂行、具体的には業務目標または成果目標を達成することです。業績または成果は定量的あるいは定性的なもの、恒常的・定型的なものと戦略的・創造的なもの、など様々な形があります。

課題形成的能力領域は広義の意思決定能力領域のことです。いわば先述した5W2H（What, Why, Who, When, Where, How, How much）を考えて決める能力です。

つまり、自らの役割責任を考え、目的達成のために取り組むべき課題を見つけ、さらにその効果的な達成方法を明らかにする能力です。課題の多くは抽象的なので自ら具体化し、対策化、計画化しなければなりません。そのためにはまず、事実関係や実態把握を正しくできなければなりません。それが事実なのか、誰かの意見なのかなど情報の収集と見極め、分析を的確にする必要があります。内部だけでなく外部環境にも着目し、置かれた状況を大局的に把握することが必要です。問題を発見し、その原因を構造的に把握し、仮説をつくり、検証し、効果的な解決策をつくっていく必要があります。問題状況を見て経験的にすぐさま対策を思いつきそれを実行しようとするのでは、新しい未経験の問題に対応していくことができません。

こうした一連の能力のうち代表的なものは、実態把握力、環境認識力、問題分析力、判断力、決断力などがあげられます。

さらにこうした対策を計画として組み上げ、着実に実行し、成果に繋げていく段階では、計画管理能力領域の一連の能力が必要になります。例えば、構想力、ビジョン構築力、戦略設計力、計画力・組織力、権限委譲、業務管理力（またはプロセス管理力）などです。

人材育成役割責任に必要な対人能力領域とは

次に、人材育成役割責任を果たすには対人観察力、コミュニケーション力、人材育成力、コーチング力、感受性、等々の能力が必要です。これらは対人能力領域に含まれます。

ここで、マネジメントの中で人材育成の能力がいかに重要であるかの例をあげておきましょう。ある大手電機メーカー部長のW氏のケースです。彼はある電子製品群の新製品を世に送り出す開発セクションの二部門の一つを預かっていました。部下は課長クラス七人を含め約三〇人います。

部長に昇進した頃のＷ氏のマネジメント能力レベルは、適切な意思決定をする課題形成的能力領域は並よりやや良い程度、計画・管理能力領域とコミュニケーション力はかなり良好、リーダーシップは並といったレベルでした。全体的にそれほど優れたイメージではなく、昇格者群の内ではむしろ中の下でした。ただ特徴的だったのは、仕事を巧みに部下に任せ、うまく部下の成長に繫げている点でした。

どんな仕事を誰に任せるかは実によく考えており、常に二つの基準、つまり部署業務の効果的な達成と部下の育成という観点から判断し、適切に決めていました。

特に権限委譲が実に巧みでした。事前に十分な面談時間をとり、仕事の意味や内容、期待する出来栄えなどをしっかり理解させる、そして何よりも相手の能力に信頼を示し、自律的にプランを作らせてそれにアドバイスし、目標を見据えて必要な支援を与え自信を持たせる、さらに成功の見込みを互いに共有し、失敗を恐れず思い切って挑戦するように励ます、こうした一連のことを見事に実践していました。プロセス管理も抜かりがなく、途中の打ち合わせを相手の力量に合わせて適宜実施し、目標以上のより良い成果を目指す高目的志向性と挑戦性の動機づけの場として、また本人の気づきを引き出すコーチングの機会として活かしていました。人材育成の実をあげ、あわせてチームの成果を極大化する、実に見事なエンパワメントでした。

ともあれ彼は昇格後三年が経つ頃には大きく評価を変えました。いわゆるハイパフォーマー部長になったのです。部の業績は見違えるように好転し、失敗がなく仕事の質が高まり、チームの風土は挑戦的、創造的に変わりました。昇進者が輩出するようになり、部内外から好感を持って見られるようになりました。今後、意思決定能力、特に戦略的な課題形成力をもう少し開発強化すれば、次代を担う有力な経営幹部候補者になることは間違いないでしょう。

人材育成の目的は今日の生産性を高めるためと、明日の組織を支える人材確保のためという二つの側面があることに注目する必要があります。つまり組織は社会的な貢献を年々更新しながら世代を超えて存続することが期待されています。それを可能にするには外部調達の考え方もありますが、組織自らがその目的達成を担う人材を再生産していかなければなりません。経営トップに限らずマネジャーにとって後継者育成をすることが大きな役割責務である理由がここにあります。人材育成にどのような価値観を持ち、エネルギーを注いでいるかは企業によって本当に大きな差があることを実感します。その企業間格差はそこに属する部長たちのまさに能力格差となって表れています。

このような人材育成の役割責任を果たすための能力は、対人能力が主です。集団維持的能力、人間関係的能力とも言います。これは成果達成的能力が「課題」や「事」、あるいは「情報」に対する能力であるのに対して、もっぱら「人」やその「集団」に対する能力です。

この対人能力はさらに二分されます。影響能力としてのリーダーシップと意思疎通能力としてのコミュニケーションです。前者は他者個人や集団に対して働きかけ影響を与える能力ですが、注目すべき点は働きかける目的はあくまでも組織の目的達成のため、ということです。したがって目的のない影響行動はたとえあったとしてもリーダーシップには含めません。

初級管理職で必要な対人能力としては、個人リーダーシップ、チームワーク、部下能力開発や感受性などがあげられます。上級管理職では組織リーダーシップ、チームビルディング、組織感受性、コーチング力、交渉力、説得力などがあります。

コミュニケーション能力は、発信、受信、双方向があります。発信では口頭コミュニケーション力、文書コミュニケーション力、発表力などがあり、受信では傾聴力が代表的です。双方向では対人交流力、ダイバーシティ（多様性受容力）などがあげられます。

社会的責任に必要な個人特性的能力領域とは

社会的責任は、企業の社会的責任に代表されるように組織が社会にあって持つべき存在

<table>
<tr><th rowspan="2">レベル</th><th colspan="2">役割責任</th><th rowspan="2">必要能力の例</th></tr>
<tr><th>全管理職共通</th><th>各レベルで特に必要なもの</th></tr>
<tr><td>初級</td><td rowspan="4">1.成果（短期的成果）達成責任を果たす
①チームの方針、目標を決め、理解・納得させる
②チームの内外へ働きかけ、連携、調整する
③役割・仕事を配分し、委任する
④プロセス管理をし、目標以上の成果をあげる
⑤評価し、フィードバックする

2.チームの価値基準、規範を設定し、モチベートし、改善し、人材育成責任を果たす

3.チーム運営の仕組み、組織文化を作り、社会的責任を果たす</td><td>1．メンバー一人ひとりの能力と取り組みをよく観察・理解し、話し合う</td><td>・個人リーダーシップ
・感受性･多様性受容力
・コミュニケーション力
・業務管理力
・実態把握力
・高成果志向性</td></tr>
<tr><td>中級
（課長）</td><td>1．常に改善、改良の意識を持って仕事に取り組み、生産性と顧客満足度を上げる</td><td>・交渉説得力
・柔軟適応性
・計画組織力
・エンパワメント
・問題発見分析力
・実行力
・環境認識力</td></tr>
<tr><td>上級
（部長）</td><td>1．メンバーの意識改革をし、新しい生産的な組織風土を創り出し、状況を変える
2．常にチャンスとリスクに着目して仕事の変革と創造に取り組み、ビジネス・モデルの再構築､新しい事業機会の発見と具体化をする
3．リスクを防止し、統治をする</td><td>・組織リーダーシップ
・傾聴力
・戦略設計力
・問題解決力
・ビジョン構築力
・決断力
・判断力
・洞察力
・変革力
・自律性
・インテグリティ
・ストレス耐性</td></tr>
<tr><td>トップ・マネジメント</td><td>1．組織全体の方向づけとビジョン、基本戦略の決定
2．事業や組織の改廃の決定
3．全社のモラール向上
4．後継者の育成
5．非常時の効果的な対応・統治</td><td>・情報統合力
・バランス感覚
・大局観
・ビジョニング
・リスクテイキンク／起業力
・戦略志向
・先見性／時代環境洞察力
・胆力</td></tr>
</table>

管理者の役割責任と必要能力

意義を実現すること、社会に役立つことです。企業なら公正な活動によって利益をあげ、納税責任を果たすこと、良質の雇用機会を創出し社会に提供すること、商品やサービスを提供し人々の生活便益の向上に役立つこと等々があげられます。こうした社会的責任を企業が果たすことに管理職は主体的に関わり、その役割を担っていかなければなりません。

社会的責任を果たす役割を遂行するための能力としては、顧客志向性、インテグリティ(倫理性、公平性あるいは誠実性)、規律性、自律性、自立性などがあげられます。近年はコンプライアンスの徹底が大きな問題になることが多いのですが、これはインテグリティに含まれます。顧客志向性や自律性は上級管理職、中級管理職、初級管理職のいずれにも等しく求められます。上級管理職に特に求められるのはインテグリティです。先述のように、ドラッカーが今日のマネジャーに最も強く求められる能力と位置づけているものです。

また個人特性的能力にはこのように社会的責任の遂行に直接関わる能力のほかに、課題達成的能力や対人能力の基盤になるようなもの、例えばイニシアチブ、粘り強さ、活力、ストレス耐性や適応性など、パーソナリティに近い能力がかなりあります。

3　マネジメント能力とは何か

マネジメント能力は言動特性的能力と知識・技術の二通り

これまではマネジャー、特に部長の役割責任を説明する中でマネジャーとして必要な能力について触れてきました。ところで、そもその〝能力〟とは何を指しているのでしょうか。部長の役割をよりクリアにする意味合いからも、部長の能力、すなわちマネジメント能力という時の能力について整理しておきましょう。

「A部長はハイパフォーマーで能力が高い」「B部長は能力は高いが仕事はまあまあだ」「C部長は全社の業務内容に通じていて能力が高い」などと私たちがいう時、能力という言葉にはそれぞれ違う意味を込めています。A部長では能力は成果を、B部長ではいわゆる潜在能力を、C部長では業務知識を指しています。これらはいずれも本書でいう能力、つまりヒューマン・アセスメントで対象とする能力とは違います。成果は能力とは違いますし、アセスメントでは潜在能力は見ません。アセスメントでは目に見える言動として発揮された能力、つまり言動特性的能力（言動特性〈Behavior characteristics〉）を対象にしています。見える能力にはもう一つ知識・技術（Technical skill）がありますが、アセスメントではこれは見ません。これは知識・技術テストによります。

言動特性的能力とは、人の言動つまり振る舞いに表れる特徴から能力を摑もうとするものです。言動とは結局はどう行動するか、何をどう言うか、何をどう書くか、どんなしぐさをするか、どんな態度や姿勢を示すか、などの言動一切を含みます。言動とは見えるもの、五感で捉えられるものです。こうした言動が示された時、それが目的の達成に効果的かどうかを見ます。

量的にも質的にも必要十分でタイミングが良ければ、その言動特性的能力（例えば傾聴力とか問題分析力とか）は高いと見るわけです。例えば、人に話すように仕向ける、人の話を遮らないで最後まで聴く、頷《うなず》く・メモを取るなど体全体で反応しながら聴く、相手の話を聴き終わったら内容を要約して示し、確認し、必要なら質問する、などの言動特性がタイミング良く、必要十分に観察されれば傾聴力という能力は高い、と見なします。

考える能力の場合はどうでしょう。考えの中身は外からはわかりません。しかし、考えた後でどんなことを言うか、どんな文書を作るか、どんな行動をとるか、そういう外に表れた言動（発揮言動）を見て知ることができます。

例えば部長が部下の提案を黙って聴いた後、しばらく考えてから「なぜこれしかないと思うんだい？」と質問したとします。部長が「しばらく考えていた」時は何を考えていたかは直接摑めません。しかし、その後に続く質問や発言から考察の内容を推量することができます。

部下の提案の論拠をいろいろ考えていて単にそれを確かめたかったのかもしれません。それなら提案の論理的根拠を追求する問題分析力を示す言動特性ということになります。あるいはそれに続く発言から、部長なりの違う考えを持ち出すためだったということもありえます。それなら視点の違う代替案を案出する判断力を示すことになります。さらには、彼に提案内容の不十分さをストレートに指摘するのではなく、自ら気づかせたいという思いから質問することも考えられます。そうであれば部下の能力開発を図る人材育成力あるいはコーチング力を示すことになります。

言動そのものを観察し、言動の動機を見極め、その結果を確認し、どの能力に当てはまるか判定し、どの程度効果的であったかを評価します。

このような言動特性を三つの群に分け、考える言動特性群（前述の課題形成的能力領域と同じ）、対人言動特性群（前述の対人能力領域、または人間関係的能力領域）、その他の個人的な持ち味（性格に近いが性格とは違う。前述の個人特性的能力領域）とします。これらの能力領域はさらに細分化され、個々の言動特性的能力となります。これらをコンピテンシー（発揮能

能力基本区分	本書の言動特性三区分	本書の能力領域五区分	能力（コンピテンシーまたは能力要件）の例	本書での定義
言動特性的能力＝ヒューマン・アセスメントの対象	考える言動特性群（課題形成的能力領域）	●意思決定能力領域（狭義）	現状把握力、問題分析力、判断力、決断力	目的は何か、問題は何か、何をすべきか、何を優先し、どんな方法をとるか、を考え具体化する能力。 ○○力と表示される。
		●計画管理能力領域	計画力、戦略設計力、業務統制力	
	対人言動特性群（人間関係的能力領域または人間関係的能力領域）	●リーダーシップ能力領域	リーダーシップ、感受性、説得力	自分の考えを伝え、相手の考えをわかり、相手や組織集団に影響を与え、目的達成に向けて機能させる能力。 ○○力と表示される。
		●コミュニケーション能力領域	口頭コミュニケーション力、傾聴力	
	個人特性的能力領域（共通基盤的能力）	●個人特性的能力領域	顧客志向性、インテグリティ、好奇心、適応性、粘り強さ、ストレス耐性、エネルギー、高成果志向性、自己開発志向性、キャリア志向性	パーソナルな特性で、課題形成的能力や対人能力の基盤となるような能力。 多くは○○性と表示される。 態度、姿勢、性向などに関係。
知識・技術（テクニカル・スキル）			分析手法知識、設計技術、商品知識、業界知識、業務手順、業務ノウハウ、マニュアル知識、政策情報、市場情報	仕事を正しく効果的に進めるために必要な知識、技術、ノウハウ。学習と経験で習得できる。 標準化、明黙知化が図られる。

マネジメント能力の三区分

力)、ディメンション、あるいは能力要件といいます。

次に、知識ですが、これには多くのものが含まれます。まず文字通りの知識がありま す。例えば商品知識、業界知識、法律知識などです。二つには情報があります。例えば競合情報、市場情報、政策情報などです。三つには技術やノウハウがあります。現場での製作技術、サービス技術、仕事の仕方、様々な仕事のノウハウ(コツ)なども広義には知識に含まれます。

これらは仕事の経験、二次情報、各種資料、図書などすべて学習によって得ることができます。これらの中には他者に見えにくい知識、いわゆる「暗黙知」も多く、そのため技術、ノウハウなどテクニカル・スキルの大部分は手順化、標準化、マニュアル化などによって「見える化」し、いわゆる〝明黙知〟にすることが図られています。しかしコア技術の「見える化」は、一方で生産性向上と人材育成という組織の基本課題に応えていますが、組織内部情報の保全の問題も出てきています。

能力と仕事の成果

さて、能力と成果の関係ですが、高い成果をあげているので能力が高いと言う時は、能力と業績を同一視しているか、あるいは少なくとも正比例していると見なしています。しかし、私たちは仕事の成果は必ずしも能力を正しく反映しているわけではないこと、そこにはそれぞれのケースにおいて様々な環境要因が作用していることを知っています。仕事の能力を測定するのに成果や業績を合理的な物差しにすることはできません。しかもなお具合の悪いことに業績は事前に知ることができません。事前評価つまりアセスメントには使えません。

他方、仕事の能力は仕事の言動特性にきれいに相関して表れ、しかも外部からよく見える、という事実があります。つまりマネジメント能力があれば、マネジメントの場面で効果的な言動特性が現れ、逆も真なりで、効果的な言動特性が発揮されればマネジメント能力があるといえます。

実は、この言動特性は、マネジメントの現場を模したシミュレーション演習でも観察評価ができます。そしてそこで観察された言動特性は、実際の現場での言動特性をほぼ正しく映し出している、ということが実証されています。このことから主にシミュレーション演習における言動特性を観察評価することによって実際の仕事の能力を測定しようとする手法が開発されています。これがヒューマン・アセスメントです。

ですからヒューマン・アセスメントではあくまでも発揮された言動特性を見ます。潜在能力や知識、テクニカル・スキルは観察、評価対象にしていません。これはきわめて合理的な考え方です。なぜならマネジメント能力とは、要するに他者との関わりの中で自他のパフォーマンスを上げる能力であり、メンバーから言動特性として見えなければそうした効果は期待できないからです。マネジャーが何を考えているのかわからないのでは、メンバーが適切に、効果的に対応することもできなくなるというわけです。

4　仕事や組織文化が違うと必要な能力も違う

仕事によって必要な能力、キー能力も変わる

仕事が違えば必要な能力が違ってくる、それぞれ肝心な能力、つまり優先度の高い能力は違ってきます。それゆえ業種や職種によって優秀なマネジャーのタイプがかなり違うのも容易に想像できます。

実は**それぞれの仕事にはその仕事の成果を高める「成功的言動」、言い換えれば「キー能力」があります**。それは一つとは限りません。サービス業であればお客様とのコミュニケーションが命ですから対人能力のいくつかがキーになっています。ソフトウェア業であれば分析力、設計・計画力、全体感が重要です。またある調査では、多くの業種のハイパフォーマー・セールスに共通する成功行動の一つに、「たとえ時間が三分しかない商談でもタイミングを逃さず一回はクロージング（契約の働きかけ）をする」という言動特性が指摘されています。これは決断（実行）力と見られます。

　このように**ある仕事についての複数の成功的能力群をまとめたものを、その仕事についての「コンピテンシー・モデル」と言います。**コンピテンシーとは前述した通り、発揮能力という意味です。当該の組織に適合した信頼性の高い本格的なコンピテンシー・モデルを作るには、調査・分析・検証などにかなり多くの手間と費用をかけなければなりませんが、一旦でき上がればそれは経営上きわめて貴重な情報、武器となり、人材の採用・育成、あるいは業績向上の戦略に使えます。ただし筆者の見る限りそうした本格的なモデルを持っている企業はまだきわめて少ないのが現状です。

　ところで仕事による違いは様々な捉え方や切り口から分析します。業種、職種、間接と直接、管理と専門、テーマ領域、経営資源、仕事の仕方、つまりプロセスや投入時間の違い、さらには仕事の成果などに着目します。

　ある機械メーカーの場合ですが、二年以上の長い時間をかけてプロジェクトを仕上げるような部門でハイパフォーマンスを示すマネジャーは、粘り強さは予想通りでしたが、他に計画・組織力が大きく利いていました。これに反して短期納品の製品製造部門のマネジャーではこれらの能力には通常の意味以上のものは認められませんでした。
あなたの部署の仕事のやり方、成果の特徴は何で、何がキー能力ですか。一度じっくり考えて、検証してみると面白いと思います。

組織風土の違いと必要な能力

前述のように、仕事が違えば必要な能力が変わってくることがわかりました。しかしさらに、同じような仕事であっても成功のためのキー能力が違っている場合が結構あります。それは、その仕事を取り巻く組織風土の違いです。組織風土あるいは組織文化とは、その組織が何に基本価値を置いているかということであり、それが端的に表れるのが、その組織でしばしば使われる判断基準であり、意思決定の仕組みです。物事の決め方は組織ごとに大きく違い、同業種、同種商品を扱う同じ事業部長の職にあってもマネジメント行動のキー能力が違うことが珍しくありません。

例えばA社のT部長は本社から上意下達で下りてきた数字を単にラインに割り振るだけです。彼に必要なのはタフな数字目標を部下に受け入れさせ、何とかして挑戦意欲を持たせるようにすることです。A社では統率型の対集団リーダーシップが非常に重要視されます。

他方、B社のO部長は、部の目標数字を年明けに二年分先読みして本社に部の仮目標として事前に申告しなければなりません。彼はそれに先立って自らイニシアチブをとって自部門の分析、予測、戦略設計などを腹案として持っておかなければなりません。自分なりの粗い計画を用意することが必須です。必ず部下と意見交換をし、自分の見通しを検証します。タイミングによっては彼らから見込み数字をあげさせます。

もちろん最終的な目標決定数字は本社から下りてきますが、目標数字の設定という、マネジャーにとっては面倒ではあるけれども最高の仕事を精力的に成し遂げる機会に恵まれます。この過程では、広範な意思決定能力および対人能力が必要になります。分析力や戦略設計力も欠かせません。外部環境認識力、現状認識力、資源評価力や潜在問題発見力など、いろいろな考察能力が必要ですし、当然自律性、高成果志向性など個人特性的能力も必要です。T部長の場合ほど強い対集団リーダーシップは必要ではないでしょうが、部下とのコミュニケーション力、コーチング力は必須です。実際この組織ではO部長はれっきとしたライン部長でありながら、その能力評価の対象に対集団リーダーシップは入っておらず、かわりにチームビルディング力、協創力が入っているのです。

第三章　「できる」部長の落とし穴——10の常識と逆説

前章では部長に必要な能力が、実は仕事の違いや組織風土の違いなどいろいろな状況によってかなり変わってくることを述べました。この章ではそれをさらに進めて、一般的には何の疑念もなく「必要な能力で強いほど良い」と信じられている能力の中には実は定義次第では、あるいは状況によっては無用であったり、かえって有害でさえある能力を取り上げます。組織の能力像を検討する際、またあなたが能力開発のターゲットを選ぶ際にぜひ参考にしていただきたいと思います。各項ともまず常識とされていることを述べ、次いでそれに対するアンチテーゼを記していきたいと思います。

①改善に熱心な部長の限界とは？

常識では改善に熱心な地道なマネジメントに長けた部長こそが組織を持続・発展させるとされるが果たしてそうか。

逆に、それでは大きな困難への対処や、事態の抜本的好転は期待できず、むしろ改善手法を超えた、裏づけが不十分ながら大胆な目標設定や迅速なリスクテイキングをする、トップダウン型、独断専行型で、変革型マネジメントをする部長が組織の命脈を保ち、発展させるのか。

平時のマネジメント能力と非常時のマネジメント能力

非常時のマネジメントに求められる能力と平時のそれとは一見するとほとんど真逆に見えるような大きな違いがあります。平時においては、地道に情報を収集し、緻密に分析し、丁寧に関連性、因果関係、予測などの分析作業をし、対策案を多数出し、その効果性について検証を重ね、ようやく対策を決定します。さらに実施に当たっては参画型のリーダーシップを用い、関係者のみならず、できれば総員の理解とコンセンサス作りをはかります。実に手堅い運営をします。

時間もコストもかかりますが、この民主的なマネジメント・スタイルがメンバーの納得感、自律性やロイヤリティ（忠誠心）、さらには生産性を高め、組織を発展させます。これこそ平時の正しいマネジメントの姿です。そのマネジメント能力の主なものは、事実関係把握力、問題分析力、論理的予測力、計画・組織力、プロセス管理力、コンセンサス形成型の組織リーダーシップ、などがあげられます。

一方、非常時ではリスクであれチャンスであれ、時々刻々と状況が変化します（多くの場合悪化します）。その中でその時々に人知の及ぶ限り効果的な対策を打ち出していかなければなりません。それゆえ非常時のマネジメントは時間という大きな制約がすべてを決めます。つまり迅速性が生命線です。非常時には人的資源、原材料や機械など物的資源、資金・情報技術等々の経営資源に比べ、時間こそが代替性のない最も重要な資源として位置づけられます。それゆえ時間をかけてベストを求める余裕はなく、ベターでもタイミングを失しないことが優先されます。当然、不足する情報の中で、衆議でなく単独や少人数で決断を迫られるケースが増えます。

実行面でも対策の見切り発車など制約は避けられません。裏づけ不足、細部の詰め不足、対策相互の齟齬《そご》、はては関係者への連絡不足などです。それだけに、事後の説明責任は平時以上に大変重要になります。なぜなら当事者以外の外部の人は、どうしても平時の感覚で見切り発車の難点を責めたくなるからです。

以上を踏まえ非常時のマネジメントに必要な能力をまとめると次の通りです。

非常時のマネジメント能力＝（平時のマネジメント能力－緊急性を要しない能力）×強い迅速性・強い目的性＋事後の説明責任

平時のマネジメントと改善積み上げ型のマネジメント

平時のマネジメントは、改善積み上げ型のマネジメントと本質的には同じと考えられます。いずれも常に現状に立脚し、丁寧に手順を踏んでそれを修正していく、というものです。個人、チームを問わず問題を発見・解決し、より効果的な方法に改め、その方法を標準化し、歯止めをかけていくというものです。

また平時の意思決定スタイルは、多くは下部組織ないし現場からの階層的積み上げによっており、稟議書に何人もがハンコを連ねます。実際に発意と決定に大きく関わるのは最終決裁者よりもむしろ現場の起案者であるケースが少なくありません。そこでは意思決定は結局全体責任のような曖昧な形になっていますが、それでたいていは何も問題にはなりません。

大組織でキャリアアップした部長でこの積み上げ方式に慣れ、自らは意思決定することがほとんどできないというケースも見受けられます。

平時によく機能する、積み上げ方式の意思決定スタイルのマイナス面は以下の通りです。

●過去の積み上げ、下からの積み上げが重要な決定要因であること。何事につけ経験なり関連情報なり、裏づけがないと決められないこと。
●そのため年功が利きやすく、意思決定の制度疲労にも繋がりやすいこと。
●意思決定が迅速性を欠きがちなこと。

●意思決定が柔軟な視点を欠き、硬直的になりがちなこと。
●上位者が実質的な意思決定をしなくなり、彼らの意思決定能力を減退させること。
●非常時には有効に機能しない管理職、組織になりがちなこと。

そして、このような弊害《へいがい》が典型的な形で表れやすいのが官僚型の大組織であることはあらためて言うまでもありません。

非常時のマネジメントと変革型のマネジメント

一方、変革（改革）型のマネジメント方式は、非常時のマネジメントに相通じるところがあります。まずありたい姿、あるべき目標ありきで、その根拠、可能性や実現策は後回しです。例えば、それをしないとさらなる大危機に陥る、存続が危うくなる、夢の実現のスタートが切れない、ビッグチャンスの糸口が摑めない、などのケースがこれに当たります。そこでは積み上げるべき根拠や情報は二の次です。

こうした場面では情報収集と分析にこだわり過ぎ、稟議を積み上げていればたちどころに損害や困難は増大し、チャンスは逃してしまいます。まず決断ありきで行動ありきです。

革新的な突拍子もない目標を設定する、なども変革のマネジメントの中ではよく見られることです。実現の裏づけは常に足りないものだと達観し、それを待たないで決断、発表、実行に移し、乱暴に言えば詳細は走りながら考え出すというものです。このやり方は自らを強制的に発想に追い込むので成功の可能性を高めます。これが変革手法の真髄《しんずい》です。実際の具体策、裏づけは、強い目的意識を持って、チームで協創し、皆で必死になって取り組めば何とかなると考えます。実際そうやって成功するケースは決して少なくないのです。これは積み上げ方式とは本質的に異なる点です。

積み上げ方式に慣れ、改善方式しか理解できない人が、変革の本質を知らずに裏づけがない、無責任だなどとよく批判しますが、これは無知・狭量というものです。初めは実現性に欠け、無鉄砲で受け入れ難いものに見えます。しかし実は楽観的に見通し、自信と覚悟それに創造への執着心を持って挑戦すれば、たいていの場合、解を見出し得るのです。「戦略とは要は変えることだ」と考えると、変革的アプローチはまさに戦略的アプローチと本質的に同じものだと言うことができます。

なお非常時のリーダーシップについて言えば、一般には命令型、専制型が必要であるとしますが、実は変革型のマネジメントではしばしばビジョナリー型リーダーシップが有効です。変革の実現策に消極的な改善・積み上げ志向の外野を巻き込み、賛同と挑戦の圧倒的なエネルギーを産み出していくのに有効だからです。その際は、インパクトのある変革ビジョンと訴求力に富んだメッセージの発信が必須です。

以上を要約すると、変革に必要な能力は、楽観性、自信、覚悟、さらに執着力、創造力（発想力）、目的志向性、成果志向性、戦略設計力、ビジョン発信力、などになります。

②強いリーダーシップを発揮する部長の弊害とは？

強いリーダーシップは不可欠の要素か。

それとも強いリーダーシップを持った部長のせいで、間違った方向に突っ走ったり、人が育たず、組織の発展が阻害されたりするのか。

リーダーシップというのは両刃《もろは》の剣です。非常に良い結果をもたらすこともあれば、場合によってはかえって悪い結果をもたらすこともあります。

リーダーシップとは何か、その定義は第二章で見た通り、非常に多様ですが、ここでは「**リーダーシップとは目的達成に向けて他者に効果的な影響を及ぼすこと**」とします。このような定義は少なくともアセスメントでは世界標準的なものです。この定義の特徴は、所定の目的達成のため、どんな状況において、どんな影響行動をとり、それがどんな影響結果をもたらしたか、だけを見ようとするものです。

対人的な領域に絞り、コンセプチュアルな面、つまり意思決定の面を極力含めないのです。言い換えれば、目指そうとした目標そのものの良し悪し、状況判断の良し悪し、手順やプランの良し悪しなどは別の能力として切り離し、評価対象から外します。それはリーダーシップとマネジメントを明確に仕分けし、混乱するのを避けるためです。

もし悪い結果が出たとすれば、ターゲット設定を間違えたか、ビジョンや戦略の不在か、状況判断の誤りか、不適切な意思決定か、行動プランの不良か、それらではなくて影響行動の不十分、不適切だったのかを見ます。そして最後の理由の場合だけリーダーシップの問題と見るのです。これは両者を分けて扱うことが評価の面でも能力開発の面でも合理的であるからです。良い結果を出す、つまり良いマネジメントをすることには、リーダーシップは一部しか関わっていないのです。

影響を効果的に及ぼすスタイルは「相手や状況」によって柔軟に変えなければなりません。K・ブランチャードの「状況対応リーダーシップ論〈SL〈Situational Leadership〉論〉」では、この「相手や状況」を大きくは「能力」と「意欲」で決めます。この二つの要件の組み合わせから四つの状況が想定され、それぞれに応じて効果的な四つのリーダーシッ

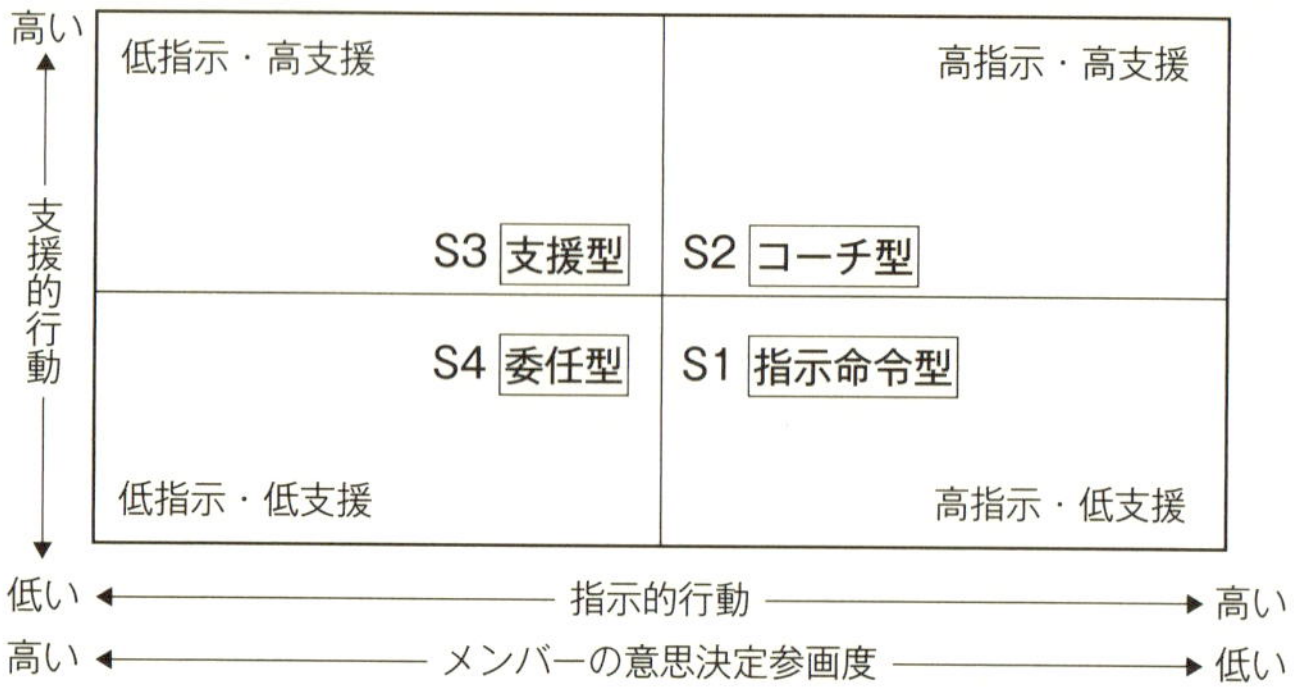

部下の能力・意欲の開発レベルDとリーダーシップのスタイルSの対応関係

D4／S4	D3／S3	D2／S2	D1／S1
・メンバーの能力開発度—高い ・遂行意欲—高い ・意思決定は部下と話し合い、部下にさせるが報告させる	・メンバーの能力開発度—かなり高い ・遂行意欲—マチマチ ・意思決定は部下と話し合い、一緒にする	・メンバーの能力開発度—中位 ・遂行意欲—低い ・意思決定は部下と話し合い、リーダーがする	・メンバーの能力開発度—低い ・遂行意欲—高い ・意思決定はリーダーがする

（注）K. ブランチャードの能力、意欲の定義：
能力＝（仕事の）知識、技術　意欲＝（仕事の）やる気、自信、粘り強さ

状況対応リーダーシップ（SL）・スタイル概念図

（シチュエーショナル・リーダーシップ・スタイル）／K. ブランチャードによる

プ・スタイルが決まるというわけです。

実はこの四つのスタイルは、リーダーから見れば指示的行動と支援的行動の量、つまり「指示と支援の比率」の違いで決まります。また別の角度から見れば、メンバーに彼ら自身の考えを意思決定にどの程度反映させるようにするか、つまり「メンバーの意思決定への参画度」の違いとも見ることができます。

このような見方からすると、不適切なスタイルのリーダーシップが過ぎるとどんな弊害をもたらすかが容易に想像ができます。

彼はリーダーシップがある、と言う時、通常イメージされるのは指示命令型です。これは私たちがこれまで目にしてきた組織の形が、官僚機構や軍隊組織に代表されるような伝統的な「ピラミッド型の機械的組織」であったためです。そこでのリーダーシップ観は私たちの頭の中に染み付いています。そこではリーダーシップとは、指示力、指導力、命令力、統率力、あるいは先導力、率先垂範力、などを指します。そうしたリーダーシップが過ぎると、メンバーの反発や意欲減退をもたらし、意思決定力は鍛えられず、自律的な考え方や取り組み姿勢は育ちません。いずれは受動的な指示待ち人間を産み出し、人と組織をスポイルすることになります。

輸送機械製造業のトップクラスの会社で、管理職層のアセスメントを実施した際のことですが、会社側の示した能力像の中にリーダーシップが入っていませんでした。対人能力ではコーチング力、対人交流力、価値協創力があれば十分だとしています。この会社はものづくりの喜びを基本バリュー（価値）の一つにしています。組織の成員一人ひとりの自律性がきわめて高く、協創精神を軸にしたプロジェクト・マネジメントの体制が整備されており、いわば大人の「ものづくり集団」を形成しています。研究開発型組織ではこのような例は珍しくはないのですが、当該企業のように製造ライン部門も含めて組織全体でそうしている例はあまりありません。

他方、大手金融機関系列の情報系企業でソリューション・システムの設計販売を行っている会社の例ですが、長年にわたって知的産業にはそぐわない統制と規律を重視した指示命令型のリーダーシップが重視され、組織が伸び悩んでいました。業績の伸びも社員の定着率も芳しくありませんでした。

その理由は間違った人事にありました。情報系の企業ではもともとコミュニケーション力やリーダーシップ力など対人能力に優れた人は少ないのですが、そうした中に指示命令型のリーダーシップに秀《ひい》でた人物が一人いると目立ち、一見優れたリーダーに見られがちです。その人物が不幸にも、たまたま親会社から天下ってきたトップの目に触れ、お眼鏡に適《かな》って、ラインのマネジャーを経て人事部門のトップへと短期間に異例の昇進を重ね、人事制度を始め組織の意思決定にも関わるようになったのです。この人物の起用は明らかに失敗でした。そのような組織の文化風土というか、マネジメントではお客様のソリューション・システムのニーズに柔軟かつ創造的に対処することは容易ではなく、結局は期待した成果はあげられなかったのです。

この企業はトップ交代を機にようやく一連の経営革新、人事制度改革に乗り出し、管理職の能力像も一から見直し、評価制度を全面的に改変し、さらにヒューマン・アセスメントを実施しました。かくして間違ったリーダーシップに端を発した古い組織文化の呪縛《じゅばく》からようやく解放されたように見受けられます。

③挑戦力旺盛な部長が負け犬根性のチームを作る？

決して諦めないで挑戦的な目標を掲げ続ける部長が力のあるチームを作るのか。
逆に挑戦的すぎる部長が達成できない目標設定を続け、負け犬根性のチームにしてしまうのか。

マネジメントの真髄の一つは目標設定であると言っても過言ではありません。どのような目標設定の仕方をするかに、その人のマネジメント能力やその特徴が端的に表れます。

目標設定の際には様々な事柄を考慮しなければなりません。全社の方針、目標や戦略を踏まえ、自部署の本来のミッションや役割分担を明らかにし、目標の内容、量、質の面で必要十分なものを構築しなければなりません。十分な挑戦性があり、しかも達成の可能性も見込めるような絶妙なバランスが取れているか。内外の様々な情報の分析、予測、洞察、設計も必要です。部下への目標の割り振りに当たっては達成可能性からの判断、公平性、挑戦による育成の視点、チームビルディングの効果なども判断材料にしなければなりません。ほとんど全領域のマネジメント能力が必要となります。

この目標設定を例年通りの安易で変わり映えのしないものにしようとする人と、あえて困難で挑戦的なものにしようとする人があります。これは意欲、挑戦性あるいは高成果志向性という能力で、部長には必要な能力です。例えば前年度も目一杯の目標をようやく達成したにもかかわらず、今年も自ら平均以上の伸び率に挑戦しようとすれば文句なしに強い高成果志向性がある証拠です。

ところが、これが逆に事態を悪化させるケースがあります。挑戦性、高成果志向性が突出して強い反面、他のマネジメント能力は並のレベルで著しくバランスを欠いている、加えてチーム力が特段高いわけでもない、という場合です。チームにはかえって不幸な結果をもたらします。

一九九八年から八年間も連続して年間目標が達成できない会社がありました。この間の目標達成率は九六パーセントが最高で、八〇パーセント台後半から九〇パーセント台前半止まりでした。後半の何年かは結果的に目標は形だけのものになっていました。はじめの三、四年は今年こそはと皆、心機一転してがんばりますが、結局達成できずに終わってしまう。こうしたことを新たな戦略もないままに、ただ繰り返していると大きな弊害が生まれてきます。たとえトップや部長本人の挑戦性は十分であっても、チーム・メンバーは「どうせ……」とはなから諦めるようになります。意欲や挑戦性だけが優れていたのではでは逆に悪い結果をもたらします。これは粘り強さ、執着性にも相通じます。

どんなにがんばっても成功しない、それでも挑戦し、さらに失敗を重ね、叩かれ続ける、叱られ続ける、ショックを受け続ける、そうするとついにははじめから諦めてしまって本音では挑戦をしなくなります。これを失敗学習と言いますが、こうなっては重症です。人間は生身ですから、成功体験という、意欲と挑戦のエネルギー源が必須です。同じ失敗を何度も重ねることは許されません。その時は直ちに目標設定を改めなければなりません。経営者でも部長でも自ら決めた目標を三年も未達成を続けたら失格です。マネジメント能力に重大な欠陥があると自覚しなければなりません。

このような失敗学習から抜け出すには、目標設定を一度地道な積み上げ方式に変えて身の丈に合わせるか、不足能力を見極めてその補強戦略を実行するか、何らかの対策が必要です。

ちなみにこうした例はビジョン構築力や変革志向が強い場合でもよく見られます。概念と意欲だけが先行して他の必要なマネジメント能力が伴わない場合に起こります。

④感受性豊かな部長が力のない甘いチームを作る？

万事に豊かな感受性を示す人間味のある部長が居心地の良い優れたチームを作るか。逆に気配りと物わかりが良すぎて、甘い業務統制に流れ、チーム業績を落とし、部下の能力開発を低調にし、甘えのチーム、力のないチームを作るか。

感受性とは他者の気持ちに配慮して自らの言動を加減する言動をいいます。他人も自分と同じように価値のある存在と捉え、相手の身になって考え、自分がして欲しいように相手にもする言動を指します。友人としてはこのうえなく好ましい存在です。加えて彼がもし世話好きでノーと言わない人であれば間違いなく組織の中で人望を集めます。

この感受性をマネジメント能力の一つにあげている組織は少なくありません。お客様との接点が多いサービス産業を代表に、近年では公共部門でも市民サービス、福祉、医療厚生関係などをはじめとして多く見られます。ちなみに顧客志向性も同様です。

すべての事業組織では必ず基本的な目的、現実的な目標があり、期待した成果をあげることが求められます。このときマネジャーの感受性はどう位置づけされるのでしょうか。というのは感受性と成果志向性を両立させることは必ずしも簡単ではないからです。感受性を発揮しながらもあわせて成果もしっかり追求できるかどうかが重要です。これができないとマネジメントは機能せず、チームは仲良しグループか業績偏重の偏ったチームに陥ってしまいます。

感受性に流される部長は、「彼にはやはり大部門のマネジメントは難しい！」と言って経営陣から駄目出しをされる危険があります。感受性を偏重して甘いマネジメントの落とし穴に陥らないようにするには、マネジメント行動の原点に感受性と同時に成果志向性をしっかり反映させることです。感受性偏重型の人がこれを身につけるのは必ずしも簡単ではありませんが、開発は十分可能です。そしてこの能力開発に成功すれば、彼は見違えるような尊敬されるマネジャーに変身可能です。

逆のタイプ、すなわち感受性が不足し、統制と支配を好む成果志向偏重型の部長は、一《いっ》時《とき》上からの見栄えが良くても、長い目で見ると危ういのです。人についての勉強が足りない彼は、ついにはメンバーの信頼を得られない恐れが大きいからです。

感受性は、重要な能力ですが、目的志向性とセットでこそマネジメント能力として威力を発揮するものなのです。

⑤目的志向性も絶対ではない？

目的にこだわる目的志向性の強い部長、方針を堅持する部長が業績を伸ばすのか？

逆に、古い目的に囚われ、方針を金科玉条《きんかぎょくじょう》のように守る部長がマネジメントに新しい価値や柔軟な戦略を呼び込めず組織を衰退させていくのか？


「すべての道はローマに通ず」の諺《ことわざ》にならえば「**すべてのマネジメント能力は『目的達成』に通ず**」と言うことができます。つまりすべてのマネジメント能力を定義すれば、「〇〇能力とは『目的の達成』のために……」ということになります。だとすれば「目的に囚われないマネジメント」という言い方は論理矛盾しています。

しかし世の中の組織には、表向きの目的は社会への貢献、顧客満足、従業員福利などと謳いながら、本音では目的は利益であったり、業界ナンバーワンという名誉であったり、組織の存続自体のためというケースも珍しくはありません。

私たちがついつい**目的を取り違えるのは、多くは手段の目的化が原因**です。そしていつの間にかいわば「組織ぐるみのボケ」に陥って誰もそれに疑問を感じなくなるのです。

このようなケースでは一旦原点に立ち返り、目的をあらためて見直すことが必要です。それには「その目的は何なのか」を限界まで問い直す方法が効果的です。なぜこの仕事、この事業をやっているのかを、組織全体の視点や部門の視点、さらには自分個人の視点から、自律的に、自由に、柔軟に、革新的に、かつ創造的に、見詰め直してみなければなりません。環境の変化の中で組織の目的が知らぬ間に賞味期限を過ぎていないとは限りません。

マネジメント能力には、変える能力と変えない能力があると考えられます。インテグリティ、目的志向力、方針管理力、目標連鎖力など、考え方や行動基準などを変えない能力のほうが、変える能力より重視されるのかというと、そうでもありません。近年ではむしろ変える能力のほうにいくつもの重要な能力が出てきています。変革力、戦略設計力、リーダーシップ、言動柔軟性、多様性受容力、適応性などがその代表です。

価値基準や方針を徹底させ、変えないでがんばる、あるいは逆に環境変化に合わせて柔軟に自らを変え適応を図る、どちらを選択するかは大きなマネジメント上の意思決定課題です。結論を言えば、どちらかが絶対的に正しいというのではなく、目的達成のためにはどちらがより効果的か、環境、状況、条件によって異なるのです。

朝令暮改は、朝に命令を下し夕方にはそれを変える、すなわち命令が定まらず民を惑わす中国の悪い王の言動としてあげられています。人心収攬《しゅうらん》のためには王令をみだりに変えてはならないことを説いた言葉です。しかし現在では、逆に君子豹変《ひょうへん》、つまり誤ったら、あるいは状況が変わったら直ちに変えるのが良いとする考えも強いのです。

変えるべきか、変えざるべきか、その選択は事柄と状況によります。それが組織バリューや基本方針、あるいは目的や信念に関わることなのか、それとも戦略や品揃え、あるいは組織構造やリーダーシップ・スタイルのことなのか、事柄と置かれた状況に合わせて決めなければなりません。そのうえで本来の目的達成のために言動、つまりどう考えて何をするかを決める、あるいは変えることが大切です。

変えないで粘るか、柔軟に適応し変えるか、この二つをどう判断し、切り替えるか、あるいは使い分けるか、ここに現代の経営、考えるマネジメントの真髄があると考えられます。その適切な意思決定を支えるのは、論理的な分析と優れた洞察、結果に対する冷静で科学的な検証です。そして切り替えるときは大胆に変える決断力と皆の納得を得る誠実な説明責任が必須です。

⑥規律性に富んだ部長が創造力のない組織を作る？

折り目正しい部長が締まった組織を作るのか。
逆に折り目正しさを自負する部長が管理統制された規律性の高い組織に満足し、成員の自律性と創造性を損ない、儲《もう》からない会社にするのか。

「立派な会社は、受付から違う。いささかの乱れもない。エレベーターでお客様と乗り合わせても挨拶が違う、振る舞いが違う。社員の発言は申し合わせたようにきっちりベクトルが合っている」。このような規律正しい、いわば統制の取れた会社をベタ誉めする人は経営者や著名な評論家の中にも結構いるものです。彼らはそういう場面を自ら体験し、気分を良くし、素朴に「立派な会社だ」と感じるのでしょう。それを聞いた経営者や幹部は一層その気になってがんばり、自慢の種を強化します。

しかし残念なことに、こうした会社づくり、組織づくりが最終的に成功した例はあまり目にしません。理由は明らかです。規律によって統制されることに慣れたメンバーはやがて目的を忘れ、規律を守ってさえいれば良い仕事をしており、優れた組織づくりをしているかのように思い込む、いわゆる目的のすり替えに陥って「ボケ」てしまうのです。官僚機構での過剰な形式化、規律化もこの類例です。それは発展や価値創造とは対極の姿です。

このような組織では、一人ひとりが自律的に考え、工夫し、行動する、必要に応じてチームワークを組んで協創し、目的達成に向けて力を合わせる、その結果、経営者、管理者の能力を超えた力、いわば組織の成長力を産み出すことは望めません。過剰な規律性志向は統制によるマネジメントに安住しがちで、目的志向性を麻痺《まひ》させ、創造性や工夫を蝕《むしば》み、柔軟な変革の芽を摘んでしまうのです。

安全保障サービス業の事例があります。確かに業種から規律、統制はその会社の能力像の基本です。とはいえ管理者は様々な職種に及んでおり、必要な能力はそれらのほかに多岐にわたります。顧客志向から見た安全サービスとは何か、そのキー・コンセプトを考え、新しいビジネス・モデルを描く、このためには、規律・統制とは無縁の分析力、企画力、洞察力、発想力、構想力、柔軟な統合力などが必要となります。トップ層にこのような事情がわかっていないはずはありませんが、えてして規律性の高い組織では、ステレオタイプの価値観が圧倒的になりがちで、声の大きいところが主導権を持ち、多様性受容力や組織感受性はなかなか発達しません。こうなっては組織の心臓部に必要な自己革新と創造の機能は育ちようがなく、組織の発展は望み薄となってしまいます。

以上から結論を言えば、その組織のキー・ジョブをいくつか定め、それぞれにキー能力（複数）を決め、能力評価や能力開発に複線体制で臨《のぞ》む必要があります。特に、大部隊のキー能力と小部隊ながら中枢機能の高い部門との間に大きな相違がある組織では、この複線体制の確立が人的資源管理のうえでも人的資源開発のうえでもきわめて重要です。事業の高度化・専門化が著しい現在、全社の最大公約数的な能力像だけではあまりにも大雑把すぎます。会社によっては意味がないどころかかえって有害とさえ思われます。将来を担うコア組織ごとのコア人材像を明確に設定し、戦略的に人材育成を図っていかないと将来に大きな禍根《かこん》を残すことになります。

⑦ビジョン構築力に富んだ部長が陥る落とし穴とは？

優れたビジョンを掲げる部長が良いのか。
逆に優れたビジョンを掲げる部長がビジョンに安住し、地道な発展に向けた取り組みのエネルギーを損なうのか。

ビジョンを持ち、しかも地道な取り組みを着実に推進する、あるいはビジョンに向けて大胆な改革を重ねる、これが組織にとって理想であり、できる部長の姿です。

しかし現実にはこのビジョンと改革実践のバランスが必ずしもうまく取れていないことが多いのです。ビジョンがない、あるいは逆に地に足の着いた取り組みをしない、そういうケースが多いのです。

私たちは夢を持たなければやっていけません。その意味ではビジョンは明日に向かっての活力の源泉です。反面で成果を産み出すのはあくまでも現実策や実際の行動であってビジョンではありません。ところがこのバランス感覚が崩れている部長が時々見受けられます。ビジョンにこだわり、重視するあまり、現実策がおろそかになっている人たちです。しかもたいてい彼はそのことに気づいていなくて、業績が悪いのはビジョンが悪かったからだとするのです。毎年恒例のように前のビジョンの検証もなしに現場感を欠いた概念的な理想像をビジョンとして書き換え、掲げるのです。

彼らのキャリアにはある共通点が見られます。現場のマネジメント経験がない、現実に付加価値を産み出す現場の仕事の感覚が薄い、困難をチームでブレークスルーした経験がない、自らが試されるような真剣勝負の経験がない、などです。経験が浅くても要職にあり、その時々の評判の経営書やリーダーの一言に詳しく、自らはマネジメントに通じた勉強家だと思っていますが、体系的な学習や知識の統合および知恵は足りません。

問題意識は旺盛ですが、実際の問題解決や改革の推進にはあまり自信がなく、マネジメントには不安を抱いています。こうした内心の焦りからますます現場を離れてビジョンに傾倒しているという構図が見られます。

いちばんの解決方法は配置換えです。一日も早く実践現場に置き、できれば修羅場体験をさせる、あわせてビジョンの意味と役割を再学習させる、激動期でもない限りビジョンは三年は手を加えない、その代わり作る時は全成員の参画を図る、他方でビジョンと年度計画の目標連鎖を強化させる、などが考えられます。

⑧強い決断力を持った部長の功罪とは？

決断力が図抜けて強い部長が良いのか。

逆に決断力に秀でた部長は何でも自分で決断しがちで、部下の育成を阻害するのか。


ある種の決断力があまりに周囲から抜きん出た部長がいると、その組織はやがて活力を失っていきかねません。

決断力というのは前述の通り、適時、適切に意思決定するということです。肝心なのは早すぎず、遅すぎず、適切というのは要は決断すべきことを決断しているかどうかです。決断の内容の良し悪し、的確さという意味合いもゼロではありませんが、それはむしろ他の意思決定能力によって見るというのは先に示した通りです。

決断力に富み、メンバーにいささかの迷いも見せず、実に頼もしく見えるような人は、えてしてなんでも自分で決断したがり、権限委譲はしません。メンバーにテキパキ仕事を指示しますがいわば作業レベルのことで、肝心なことは自分が決め、メンバーには意思決定の権限をなかなか与えようとはしません。彼は第一章であげた支配志向も強いのでしょう。困ったことに彼は何でも自分が決めることに自信を持っており、いささかも疑問を持ちません。

部下の課長たちもまた他部門の人たちもスピードと安心を求めて部長にだけ関心を向け、彼の意向を汲んで仕事をするようになります。筆者はこれを「ご意向マネジメント」、あるいは「お伺いマネジメント」と呼んでいます。目先のスピードや効率は確かに上がり、一見しっかり重石《おもし》が利いていてまとまった部署に見えますが、実は組織の活性は低く、メンバーの能力は開発されず、改善改革は限られ、生産性はむしろ低調です。

長い目で見れば、自律的なできるマネジャーは育たず、組織は早晩、活力と創造力を失っていきます。これは先に見た指示型の強いリーダーシップがかえってチームを駄目にするのと同じ構図です。

決断力に富む人は、むしろ意識して部下の自律性を重視し、権限委譲を十分に行い、委任型・参画型のリーダーシップ・スタイルに意を用いる必要がここにあります。

⑨昇進に無欲な部長が組織を停滞させる？

自身のキャリアアップに無欲な高潔な部長が良いのか。

逆に昇進に無欲な部長は成員の旺盛な上昇志向性に応えられず、組織の発展と人材開発のエネルギーを削ぐことになるのか。

わが国と欧米との管理者の能力像を比較してみると際立って違うのが上昇志向性です。これは自分のキャリアを高めることに強い欲求を持ち、精力を注ぎ、努力する能力です。これとよく似たもので自己開発（自己啓発）志向性があります。こちらは自分の能力そのものを高めることに強い欲求を持ち、自律的に開発に取り組んでいく能力で、昇進は副次的であって目標ではありません。前者は、能力開発をしますがあくまでも手段で、開発ターゲットの選定や進め方は戦略的に展開されます。これに対して、後者は能力開発自体が目的で、自らの価値観や関心事から取り組みます。また前者が能動的、積極的なイメージであるのに対して、後者は静的、自省的な趣があります。

欧米では上昇志向性が管理職の能力として決定的に重視されているのに対して、わが国ではやや敬遠され、あまり人事担当者の共感が得られていません。ギラギラした上昇志向がわが国ではさもしげに見え、スマートでなく、美しくないと思う感性があるのでしょうか。遠慮の文化が利いているのかもしれません。むしろ抵抗感がない自己開発志向性に重きが置かれています。

欧米では部長の採用面接で、「将来重役に挑戦する気はあるか」と聞かれて、日本的に「取締役になろうとは思っていません。しかし、推されれば拒むつもりもありません」などと奥ゆかしく応じたらまずアウトです。上位職は挑戦を公言し、闘って勝ち取るものだからです。

欧米で上昇志向性、キャリアアップ志向が重視される理由には次のような意味合いがあります。部長がキャリアアップを公言し、努力して成功すれば、後に続く課長のキャリアアップの機会も増大します。上位者の上昇志向性が下位者の上昇チャンスを高めるのです。だから彼はあえて上昇志向性を示し、部下の人気を得ようとします。もちろん競争意識は強まりますが、能力開発を公言することで組織は活性化し、それは組織を発展させる大きなエネルギー源だと見なすのです。われわれはすぐに競争過熱のリスクを心配し、適切なコントロール策が必要だと考えますが、彼らにはそんな心配は無用なようです。

わが国でこうした上昇志向性のプラス面を活かしていくには、関連する人事諸制度の整備と周知が必要です。公平な挑戦機会の提供、ダイナミックな昇格制度などです。このようなトータルな人事制度の改革はなかなか勇気が要ることで、人事部も簡単には踏み出せないのが実情です。そこがクリアできないと管理職の上昇志向性は日の目を見ないのかもしれません。

⑩顧客満足志向の限界とは？

顧客満足に徹したマネジメントを行う部長が良いのか。
逆に過度の顧客満足志向が組織自らの価値基準や作り手の想いを活かしたアイデンティティ・マネジメントを不能にし、組織のオンリーワン志向の妨げになるのか。

最後にかなり悩ましい逆説を取り上げてみたいと思います。

マネジメント行動のうえで、顧客のウォンツを探り、ニーズを測り、その満足を得ることを何よりも優先させる、こうした「顧客満足志向」の実現を経営の大原則として掲げ、また最も重要なマネジメント能力の一つとして扱う、このことに私たちは何の疑問も抱きません。その背景には顧客満足の実現こそ究極の環境適応なのだという考え方があるからです。組織は有機体つまり生物と同じで、環境に適応してこそ生き残ることができるとする考え方を組織有機体説といいますが、そのことに疑義を唱える人はあまり見かけません。

ところで顧客満足ひいては外部環境の変化に徹底して対応していくのは、冷静に考えてみると若干《じゃっかん》違和感を覚えないわけではありません。というのは組織の主体性という点では問題はないのかという点です。組織自身のアイデンティティの発現という視点は必要ないのでしょうか。

元来生き物は環境に適応していく反面、それぞれが自律的、主体的な存在でもあります。そう考えると組織の生き残り戦略には、外部環境という外的圧力への適応という受動的な側面と、自らのアイデンティティをどう捉え、どう活かしていくかという自律的・能動的な内発力による面とがあるように思います。

マーケティングではマーケット・ニーズに合わせて商品を開発し、提供することを「マーケットイン」、逆に生産者の想いや意図、固有技術やブランドなどを元にして主体的に商品を開発し提供する、つまり自分が作りたいものを作り、世の中に提供するという考え方を「プロダクトアウト」と言います。現代の大勢は顧客志向重視の流れの中でマーケットインにありますが、プロダクトアウトもあらためて見直されているように思われます。

伝統ある組織のみならず組織は皆アイデンティティとなる基本価値、ないし宝を持っており、それを活かしてこそ他と差異化でき、ひいてはオンリーワンとしての存在価値を発揮し得るはずだという考えからです。つまり伝統と固有の価値を生かした、いわばビンテージ・バリュー型経営の志向です。

結論的に言えば、外部環境適応型変革経営とビンテージ・バリュー活用型アイデンティティ経営という二つの考え方は一見対極的なものに見えます。しかし、現実のマネジメントでは対立してはいません。つまりテーマと状況に応じてこの二つともが使い分けられ、両立し、そして時に統合されます。

顧客志向の果てに、気がついたら望みもしない姿に変わっていた、というのでは困ります。組織自らのアイデンティティを基盤として活かしながら環境適応の戦略を構築し、組織のあり方とその行動を選択することが肝心です。トップマネジメントの現場では時々の状況を評価し、この両者のバランスを適切にとる高度な意思決定が行われています。その際、どちらに重心を置くかで、その企業イメージはつくられていくのでしょう。

以下は、いずれも表向き顧客志向の名の下に行われてきた企業行動です。儲かるからといって二番煎《せん》じで一番手とたいして違わないものを作って売り出す、表示した耐用年数の後半では安全性には不安が出たにもかかわらず、実際の利用年数はその半分もないとするデータにすがり見切り発車で発売する、コストカットのために有害な物質を規制値以下だからとして製造過程で使い続ける、値ごろ感を追いかけて伝統的な原材料の質を落とし、まがい物を売り出す、等々です。そこには作り手としての矜《きょう》持《じ》や誇るべき組織アイデンティティは全く見られません。

それは本当に顧客志向の考え方か、それは本当に自社のアイデンティティを高めるものか、この二つの物差しを持って組織および自らの意思決定と行動の基準とする、そうした行動原理がこれからの部長には必要です。

第四章　「困った」部長から「できる」部長へ

第二章で見たように、マネジメント能力は言動特性によって測ることができます。その言動特性は、性格や資質も多少反映するものの、性格や資質とは本来異質なものです。性格や資質を変えるのはそう簡単ではありませんが、言動特性は開発によって確実に変えられます。つまり、困った部長の困った言動特性＝何らかのマネジメント能力の不足は開発できるし、変えられるのです。本章では、能力開発とはどういうことなのか、どうやれば開発できるのかを明らかにしていきたいと思います。

1　「困った」部長からの変身

三〇年来の思い違い

自分の強みや弱みを勘違いしている人は決して少なくありません。

ある大手医薬品製造会社の営業部長の例です。Y部長、四七歳、部長歴は二年余です。彼は内心リーダーシップに富んでいると自負していました。小学生の頃より少年野球のキャプテンとして活躍し、学校の先生にも目をかけられ、しばしばクラス委員をつとめクラスを仕切っていました。通信簿に「リーダー性がある」と記され、大いに自信を持ったのをよく覚えています。

Y部長は社内で自他共に認めるうるさ型の部長で鳴らしており、会議では率先して発言し、自己主張は強烈で、一度述べた意見は曲げず、大体は押し通してしまいます。部下は基本的に指示・命令で動かそうとし、滅多《めった》に誉めません。優れたリーダーは「能力のある部下ほどよく叱り、けなし、厳しく当たる」べきだとする俗説を信じ、実践していると公言します。仕事の不具合は厳しく責め、口うるさく注意します。その際、部下はもちろん同僚であってもブラックユーモア口調で皮肉や嫌味を浴びせ、周囲の失笑を誘い、自分では「受けている」と勘違いして一人得意顔です。マネジャーは部下に嫌われるのを恐れてはいけない、むしろ嫌われるぐらいでないと駄目だ、と自信満々でした。

そのY部長、会社で実施した多面評価（三百六十度評価、アセスメント法の一つ）の結果を見てひっくり返ってしまいました。一二のマネジメント能力について評価しましたが、その一つ、リーダーシップが五段階評価のスコアで三ポイントを切っており、強みどころか弱みとなっていたのです。

多面評価というのはヒューマン・アセスメントの一方法で、彼の周囲の仕事仲間、つまり上司、同僚、部下、取引先など多くの人（このケースでは総勢一二人）から、彼の日常のマネジメントの場での言動に関して、質問に答えてもらい、集計、評価したものです。優れた多面観察システムは、能力要件設定、質問の内容、構成、回答方法、回収方法、分析方法などは専門的な知見によって十分チェックされており、信頼に足るものです。ちなみにリーダーシップに関わる質問は五つで、それは次のようなものです。

①メンバーの意見を把握したうえで、チームの価値や方針、方向や目的を明示し、丁寧に根気強く説明し、理解、浸透させ、彼ら自身の自律的な取り組みによって目的達成するよう動機づけを図る。
②率先垂範あるいは後方支援、指示命令または支援・コーチング、説得あるいは傾聴など人を動かす、スタイルと機能の違ういろいろな言動を、そのときの状況をよく見て柔軟かつ効果的に使い分け、目的達成に向けてメンバーに影響を及ぼす。
③チームスピリットを発信し、双方向性に富んだコミュニケーションを促進し、話し合いや協創作業を奨励するなど生産的で創造的なチーム環境を作り上げる。
④チーム内の異論に対しては意見の共通部分を指摘し、チームの目的達成に向けて合意形成を図る。
⑤メンバーの能力開発に責任意識を持ち、各人の能力の長短を見極め、能力開発や今後のキャリアの方向づけについて話し合い、アドバイスや必要な支援をする。

実は、Y部長はリーダーシップを、部を統治し、指示命令して仕切っていくこと、あるいは率先垂範して引っ張っていくこと、くらいに考えていたようです。ところがアセスメントで会社が求めるリーダーシップは、各人が目標達成に向けて自律的に行動するように仕向け影響を与えていくことが肝心だとするもので、かなり違っていました。上長の権威で人を動かす、あるいは統制や厳しい叱責で支配する、あるいは評価をちらつかせて脅す、などは真の影響力ではなく、チームの生産性を高めるような影響力行使とは程遠いことを全く理解していませんでした。

実際、Y部長のような勘違い部長はたくさんいます。会社もそうした部長の教育を見過ごしてきたことには責任があります。上級管理者研修かリーダーシップ研修などきちんと機会を与えていれば防げるものです。

Y部長の誤ったリーダーシップ観は、過去の成育環境などとも決して無縁ではないでしょうが、いちばん大きな影響を及ぼしたのは古い組織体質の会社に入社し、配属された部署での統制志向の強い上司との出会いでした。仕事のスタイルは最初の上司の影響を受けやすいのです。

多面観察の意味

多面観察は、しっかりしたシステムを用い、適切に実施すればマネジメント能力についてかなり良質のデータと開発効果を得ることが可能です。特に対人能力領域や個人特性的能力領域についてはそうです。そのデータを得るためには実施に当たり、目的などの事前広報、観察者の適切な選定、専門的な見地からよく吟味した質問、育成に繋がる合理的かつ効果的な分析と表示方法の採用、専門的なスキルに基づくフィードバックなどが必要です。特にフィードバックは大切で、専門的な知見と技術を持ったアセッサーによって、開発視点に立って適切かつ効果的に行われることが望まれます。

そのようにして実施された多面観察結果を見た参加者は、ほぼ全員が鏡に映った自分の真の姿を目にして驚きます。そこには自分のマネジメント能力の真の姿があり、何人《なんぴと》も逃れることはできません。

Y部長が多面観察結果のフィードバック研修を受けた時の様子は、いまも鮮明に記憶に残っています。最初アセスメント・レポートを目にした時は信じられない、何かの間違いだろうという驚愕の表情を示したものです。続いてこの調査はおかしい、到底受け入れるわけにはいかないと拒絶しました。丁寧な説明を受けてしばらく経ってしぶしぶ形のうえでは了承したものの、言いようのない落胆《らくたん》ぶりが明らかでした。自尊心をへし折られ、失望と腹立たしさの極みに追いやられたことは間違いありません。

多面観察でも専門のアセッサーに観てもらうセンター・アセスメントでもアセスメント結果を真摯《しんし》に受け止めて自己認識を適切に行うことができれば能力開発のスタートラインに立つことができます。過半数の人が一時的に落胆はしますが、早ければ一〜二週間、遅くとも一〜二ヵ月経てばやがては冷静に受け止めることができ、トレーニングによって自己客観視ができ、もっと自分を望ましい姿に変えたいという気持ちになれるものです。そこが大切なポイントです。

Y部長の場合救いがあったのは、他責に陥らなかったことです。結果が悪いと誰が悪い評価をしたのかと犯人探しをしたり、実施機関や人事部に不満をぶつける人をよく見かけますが、彼はそうしませんでした。評価結果のレポートを受け取り、結果の見方・受け止め方を実践的に受容する「フィードバック集合研修」を受け、さらに半月後に実施された個人面談形式の「個別フォロー研修」も、真剣に受講し、結果の受容と今後の能力開発について詰めた話し合いをしました。

その間、Y部長を含め、特に問題が大きい数人には人事部と相談のうえ、筆者との「個別面談」の機会を各人一時間持ちました。これが大きな契機になったようです。この時は傾聴に徹し、向こう二週間は徹底的に落胆し、そのうえで今後のキャリアを見据え、本当はどうしたいのか、奥さんのご意見を聴いてみるのもよい、よく考えてみようとお話ししたものです。

そして三ヵ月後に実施された「能力開発研修」にはかなりふっ切れた顔で出席され、自らの能力開発プランを発表していました。この研修では、近代マネジメント理論と関連付けながら体系的にマネジメント能力を再確認してもらいました。

具体行動に挑戦する

この研修でY部長が立てた自己開発計画（ＩＤＰ：Individual Development Plan）は、強みのさらなる開発強化目標として自立性、弱みの改善開発目標としてはリーダーシップとコーチング、判断・適応性を取り上げました。

自立性とは、自分でこうだと思ったら誰が何と言おうがわが道を行くというものです。自律性より一層〝自分が強い〟能力で、アントレプレナーシップ（起業力・起業家精神）に近く、変革や起業などではしばしば要求される能力です。わが国では、おとなしい自律性が好まれ、自立性ないし自主独立性は敬遠されがちですが、欧米のマネジメント能力モデルでは自立性が主役です。わが国でもぬるま湯的体質を脱し、チェンジ・マネジメントを強力に展開しなければならない状況では、ショック療法的にかなり有効に使える重要なコンピテンシーと言えます。

Y部長の場合、もともと自立性はきわめて良好で、仕事の成果もかなり良いにもかかわらず、独善的な面が強く、独り相撲をとって周囲と軋轢《あつれき》を生じることが珍しくありませんでした。これを改め、彼の強みを組織の中で活かすには、関連する能力の改善開発が必須でした。例えば、感受性と相互交流の感じられるインタラクティブ・コミュニケーション力、丁寧で根気強い説明責任を必要最小限のレベルまで引き上げることなどです。Y部長はこの点で大変大きな問題を抱えていたことに気づいたわけです。そのためこの二つの能力を取り上げ、それぞれ以下の言動目標を設定しました。

①インタラクティブ・コミュニケーション力。「アレコレ言わずに黙って部長である俺の言うことを聞け」という権威主義的な態度を改め、自分がなぜそう思うのか、そうしたほうが良いと思う理由などを、皆がわかるように丁寧に説明し、たとえ全員は無理であっても一人でも多くの理解や賛同が得られるようにつとめる。これを対人交流の基本姿勢にする。

②説明責任。一回説明したから、もうわかっているはずだと決めつけずに、理解の程度を確認し、不十分なら根気強く説明し、納得不十分な点はとことん話し込む。自ら進ん

で質問を発したり受けたりして、丁寧に答える。可能なら簡単な一言でもいいからねぎらいや、感謝の言葉を添える。

次に弱みのリーダーシップとコーチングについては、四つの言動目標を立てました。

①指示命令で動かそうとするのではなく、各人が主体的に仕事を進めるようにする。各人なりに考えさせ、案を持たせるなどできるだけ各人の能力を引き出し、活かしながら仕事を進める。まずは意見を聴き、持論をできるだけ抑制していくようにする。
②指示命令の頻度を少なくする。チームの機能化を図るためこれまで部の看板であった厳しい指示命令や叱咤激励を極力減らし、代わりにチームへの期待や信頼を伝え、チームの良い行動を賞賛し、チームの成果達成時の楽しい姿や夢の実現を語る。
③双方向のコミュニケーションを重視し、オープンな対話、話し込みを進める。
④メンバーの意見を異論であっても封じ込めずに自由な意見表明を認め、促進する。反論の論拠を辛抱強く最後まで傾聴し、同意はしなくても感受性を持って理解を表明する。

さらに、弱みの二つ目にあげた判断・適応性の改善のためには次の三つの言動目標を掲げました。

①最終的に持論を固める前に、目的に適っているかを確認したうえ、さらに他の考え方を少なくとも二つはあげてみて、持論と比較してどちらがよりベターかを考える。

②口癖の「絶対」「……に決まっている」という言葉を使わない。「こうも考えられるんじゃないか」という言い方を心がける。

③内外の環境変化に関心を払い、目的達成に向けて広角・多様な視点から柔軟な考え方をする。これまでのいつもの自分の考え方をあえて一旦否定してみる、そして自ら強制的に違う考え方を出して比べてみる。

以上の合計九つの行動目標を立て二ヵ月に一項目ずつ挑戦していくことにしました。

周囲からのフィードバックとコーチの支援

一年半にわたる自己開発は次のようなステップを踏んで行われました。

まず専門のエグゼクティブ・コーチによる面談を受け、その中で自己開発意欲の確認を自ら行い、今後の取り組み方法を確認します。

毎月一回は直接面談、一回はTV電話によりコーチングを受け、取り組み成果と課題を話し合います。各回とも当該目標言動を決めておき、それを実践し、その効果や出来栄えを周囲の人からフィードバックを受けておきます。それを持ってコーチングの場に臨むわけです。

できればチームに対して自分の能力開発への挑戦を事前に公表し、誰からも広くフィードバックを受けやすい環境づくりをしておくことが理想だと勧めましたが、この点だけは期待通りにはできず、二、三人の近しい者に限られてしまいました。

それでも最初は下手な演技に周囲からは面喰ったような怪訝《けげん》な顔をされたものの、その後日を経るにしたがって次第に率直なコメントがもらえるようになります。三ヵ月もするといくつかの開発成果を示すコメントが寄せられるようになり、彼の開発行動は好循環に乗ったのです。六ヵ月を過ぎる頃には自分の実際のマネジメント行動の変化、そしてメンバーの反応の変化を実感できるようになり、一年後には大きな開発成果を自覚することができるようになりました。最後はご本人も感激・満足の面持ちでした。

コーチングは当初は会社の経費負担で一二ヵ月で修了する契約でしたが、結局さらに六ヵ月、毎月一回の電話コーチングを個人負担で継続実施しました。その後は半年に一回程度エグゼクティブ・コーチの面談を受けて、自律的に開発行動に取り組みました。

有力部長への変身

こうしてかれこれ二年間の能力開発を経たY部長の変貌ぶりは目を見張るものがありました。自分なりの価値観や判断をしっかり持ったうえで、チームの合意に配慮し、部長として明確な決定を下し、周囲の抵抗や障壁を巧みに突破して自ら設定した目標の実現を図っていきます。部下には気配りを示し、相互作用に富んだコミュニケーションに気を配り、民主的なチーム運営を志向するようになりました。また上長には以前は概《おおむ》ねイエスマンでしたが、言い方に配慮し、言葉を選びながらも言うべきことははっきり言うように変わりました。

この結果、チームの活力は見違えるように高まり、業績もすこぶる好調になります。今や彼は最もできる部長の一人として評価を不動のものにしました。その成功感もさることながら、以前には味わったことのないチーム・メンバーから寄せられる信頼を実感できることが最大の喜びだと心情を吐露《とろ》しています。今後の課題はさらなるレベルアップを目指し、大局観のある判断力を強化し、チームの協創力を高め、後継者育成力を磨くことでしょうか。

二年後、彼は見事、営業本部担当の執行役にキャリアアップし、経営職への関門をクリアしました。

2　能力開発の王道――八つのステップとポイント

能力開発の道筋

前節ではかつて困った部長だった人が効果的な能力開発によって大きく変身する事例を見てきました。以下ではエクセレント部長に変身するための脱皮・変身の術をわかりやすく紹介したいと思います。

まず能力開発のための八つの基本ステップを示しましょう。

第一ステップ――自己認識の徹底

いまの自分の本当の姿を知り、不本意でもそれを認め、受け入れることです。

第二ステップ――覚悟を決めること

自分はこのままでいくのか、本心から新たな自分を求めるのか、この点をしっかりと見定め、覚悟を決めます。

第三ステップ——ターゲット能力（コンピテンシー）の設定

これは成功を収めるために重要です。つまり、まず成功体験を味わうことが大切で、開発能力を適切に選ぶことが大きな鍵を握っているからです。

一般的に開発しやすいのは強みの一層の強化、必要なのは弱みの改善です。そして弱みの中にはしばしば開発の難しいものがあります。開発の難易度を勘案して何を選ぶか、さらに現職務への適性アップと将来のキャリア志向の実現とどちらのニーズを優先させるか、などがポイントとなります。

第四ステップ——具体的言動の設定

これは技術的に特に重要なステップです。ターゲット能力を構成する具体的言動群（インディケーター）から何を選んで開発するかです。一つのコンピテンシーにはインディケーターは重要なものが少なくとも数個、場合によっては二〇個近くあります。その中から何を取り上げ開発するかを決めます。

能力開発で最も肝心なところはこのステップです。能力開発に取り組んでもなかなか成果をあげられない最大の原因はこのステップにあります。つまり具体的言動に落とし込むことを怠ったり、間違った具体的言動を選んだりするためです。

第五ステップ――自己開発計画の作成

どんな場面・状況の時、どんな役割を果たす狙いで、どんな振る舞い・言動を、どんな成果を目指して取り組むか。さらにいつまでに、周囲のどんな支援を得て取り組むかを明らかにします。

第六ステップ――実行計画と開発の実践

鍵は、「今日のターゲット言動」を決め、「演技」から始めることです。毎日意識して「今日のターゲット言動」を決め、計画的に取り組むこと、また意識して「演技」から始めることが肝心です。

第七ステップ――周囲からのフィードバック

周りの人にはあなたの言動はよく見えています。率直な感想を求め、感謝することです。

第八ステップ――開発成果の確認と次なる開発ターゲットの設定

成果が実感できたら、さらなるレベルアップを目指します。

能力開発の本質

前項では能力開発の手順を記しましたが、マネジメント能力とは「目的達成に向けて効果的な言動を発揮すること」です。つまりマネジメント能力とは突き詰めれば言動特性で示されるとすれば、能力開発とは目的達成に効果的な言動特性を開発することにほかなりません。

要約すれば、能力開発とは次のようなことです。

A　目的の達成にとって
B　より効果的な言動を
C　より適切に、つまり必要十分な程度に強く、よりタイミングよく
D　発現、発揮できるようにすること

ここで肝心なのは「発現」「発揮」がキーワードになっていることです。思っている、考えている、わかっている、知っている、つもりでいる、というレベルで留まっていては駄目なのです。

例えば感受性という能力があります。他者を自分と同じ価値のある存在と受け止め、扱い、相手の立場に理解を示す、相手の気持ちに配慮を示す、そして自分の言動を目的達成の観点から効果的に加減する、というものです。相手が困った状況にあると察知した時、「困っているようだね」と言動化すれば、配慮が伝わり、相手に何らかの影響を与える可能性が生まれます。このような発揮言動には言葉にする、文書にする、態度・姿勢に表す、しぐさや表情など非言語的行動で表すなど、他者に認識、感知できるものをすべて含みます。

よくある異論として、あえて言動に表さなくてもよいではないか、気持ちが肝心ではないか、気持ちさえあれば以心伝心でいずれは相手にも伝わるはずだ、というものがあります。もし他者の心や考えを透視できれば、また長い時間を費やせば、そう言えるかもしれませんが、現実はそうではありません。相手に迅速に、タイミングよく、明確に伝わり、わかってもらわなければ意味がないのです。

このことは、現代の仕事が職種によって多少の違いはあってもたった一人で自己完結することはまずなく、多かれ少なかれ組織、チームで行われるという事実、仮に一人で仕事をするとしても自分の仕事の前後では必ず他者と様々な関わりを持たなければならないこと、しかもそれらが日々スピーディに為されることが求められていることを考えれば容易に理解できます。

以上から能力開発を具体的に言えば次のようになります。

A　ある能力について定義を理解し、それを表す効果的な具体言動にはどういうものがあるのかを知る。
B　効果的な言動がわかっていない、あるいはわかっているけれど言動化できない状態から、最初は意識して言動化してみる。
C　それを繰り返し、無意識に言動を発現できるようにし、言動特性として定着させる。

3　能力開発の実際

以下で八つの開発ステップをもう少し細かく見ていきましょう。

第一ステップ——自己認識の徹底

職務能力の開発に当たって最も基本的で重要なことは、的確に自己の能力を認識することです。自分のことは自分がいちばんよく知っている、と思うのは自分の内面世界のことです。自分の言動が周囲にどのように映っているのか、自分の「本当の姿」を知るには、専門家のアセッサーに観てもらうか（センター・アセスメント）、平素から自分の仕事ぶりをよく見て知っている人々に多面観察・多面評価（三百六十度評価）してもらうしかありません。いずれにしても他者によるしかないのです。

このようにして得られた実際のアセスメント結果は多くの人にとって意外で不満足なものです。「私の評価はこんなものではないはずだ！」と、自分の価値を落とされたような気がします。このアセスメントの結果を「受容」するのには大きな困難が伴い、ある程度の時間を要します。この受容を十分できるかどうかが自己開発、能力開発の第一の関門です。

筆者の長年のアセスメント経験からすると、大体半数の人は多少なりとも自己評価のほうが実際の姿、つまり他者評価より高くなっています。逆に自己評価のほうが低い人は全体の約一割五分程度に留まります。したがってほぼ正しく自己評価できている人は残りの三割五分、全体の約三分の一に過ぎないのです。

ではなぜ自己評価のほうが高めになりやすいのでしょうか。それには次の四点が考えられます。

①自分ではわかっていることは実際にやっていることと錯覚しがちである。しかし他者

は客観的に外に表れてきた言動だけを見ている。
②理想自己が働く。かくあるべき自己（義務的自己）、こうありたい自己（理想自己）を、こうある自己（現実自己）と自分では見なしがちである。
③「自分の失敗を外部要因のせいにしたがる」。つまり他責意識が働き、できなかったのは他人や環境のせいで、障害がなかったらできたはずだと思い込む。
④自負心、自尊心が作用する。勝気な人、自信家ほど自己評価が高い。

逆に少数派ですが、自己評価のほうが低めになる理由は次の三点です。

①完璧主義で自分を厳しく評価する。
②新人以来、誉められず、叱られてやってきた。このため常に何か問題があるはずだと自らに不足感を抱いている。
③高い目標設定をしており、安きに満足していない。

実は、自己評価が高すぎるのはもちろん、低すぎるのも好ましいことではありません。なぜなら自己の能力開発ニーズに対する正しい認識を危うくするからです。

その他にも問題があります。実は、自分と他者の評価ギャップが大きいと、自己評価が高すぎる場合は、ショート・マネジメントないしショート・コントロール、自己評価が低すぎる場合は、オーバー・マネジメントないしオーバー・コントロールを招き、過不足のないちょうど良いマネジメント言動がとれなくなる恐れがあります。

例えば問題分析力を例にすると、自己評価でこれが高すぎると、彼は部内に問題があっても気づかず、他者から問題を指摘されても自分ではそう思っていないので受け流します。もし彼が自分の問題分析力に正しく不足感を覚えていたら信頼する課長の指摘に耳を傾け、適切に対処し、事なきを得るでしょう。つまり高すぎる自己評価は、マネジメント不足を招きやすいのです。

逆にプロセス管理力が優れているのにそう思っていない部長の場合は、彼が必要だと思ってやったプロセス・チェックが、実は部下から見ると口や手の出し過ぎ、オーバー・コントロールになっていて、部下に無用でうるさい言動と見られている恐れがあるのです。

このような自己評価と他者評価の落差、自他の評価ギャップは的確な自己認識が大変厄介で、簡単ではないことを示しています。そしてこの最初の難関をクリアできなければ自己開発は決して良い効果をあげられないことをしっかりと認識しなければなりません。

経験的にいうと業界トップクラスの企業の枢要な部署で活躍されているような部長たち

の中にも重大な誤った自己評価をしているケースは決して珍しくはありません。

自他の評価ギャップは大きく二種類あります。一つは個々の能力（コンピテンシー）のレベルについての思い違いと、もう一つは自分の能力の中での相対的な強みと弱みの思い違いです。前者は自分では五段階評価中四のレベルにはあると思っていたのが、実は並の二のレベルだったなどという例ですが、これよりももっと大きい弊害をもたらすのが後者の強みと弱みの思い違いです。自分では自信があって強みと思ってきたある能力がさほどでもなかった、あるいは、もっと重症なのは実は弱みであったなどです。

ある自動車メーカーの新任T部長の場合、自分では強みだと思っていた判断力が実は弱みでした。その部署の仕事は過去の経験に照らして明確かつ迅速に白黒をつけていくことが多く、課長時代の上司からは判断力が優れているとの評価を得ていました。ところがアセスメントでは経験のない案件を判断しなければならない際、考察の広がりが不足しがちで、論理的に迅速に推論し、いくつかの判断基準を用意し、その中から最も適切なものを選び出すことがあまりできませんでした。T部長は、状況を見たうえで迅速にいくつかの使い慣れた基準の中から一つを選び出すのは巧みですが、それは判断のごく一部にすぎません。能力像全体の中ではむしろ明らかな弱みと見なされるケースでした。

彼の自己認識は正しくなく、意外な弱みだったわけですが、将来の仕事を見据えた時、彼は経験則を超えて判断力を高めていかなければならないことを比較的容易に納得しました。とりあえず自己の判断力を補強する手立てを講じながら優先的に能力開発することになりました。

第二ステップ――覚悟を決めること

繰り返しになりますが、能力開発とは、言動を変えることとです。ここで次に問題なのは、自分は本当に変わりたいのか、その本気度をしっかり確認することとです。毎日、毎週、毎月、毎期、計画的、意識的に開発に取り組むには何よりも持続的なエネルギーと、時には爆発的なエネルギーも必要です。他者からも自分の言動の変化をわかってもらえるようになるには、さしあたって半年から三年はかかるものと覚悟する必要があります。

一方、能力開発は、やれば成果に繋がるという喜びもあります。ぎこちない演技がやがては名演技になり、周囲の人たちが尊敬と好感を持って迎えてくれるわけです。それを耳にした時の喜びは想像に難くないでしょう。達成感と共に一種の自己実現の満足感さえ得られます。

第三ステップ――ターゲット能力（コンピテンシー）の設定

どの能力（コンピテンシー）を開発するか、つまり開発ターゲットの設定で考慮すべき要件は、「自分の強み、弱み」「コンピテンシー開発の難易度」「コンピテンシーの現在および将来の仕事への必要度」が大きなものとしてあげられます。

一般的に能力開発は二通りの選択が考えられます。強みのさらなる強化と弱みの改善です。二つを比べると強みのさらなる強化の方がはるかに容易です。

強みはもともと自分にあったもので自信のある能力ですから開発行動も挑戦しやすく、成果が比較的容易に獲得でき、達成感を得やすいという面があります。強みのさらなる強化を強く薦《すす》めたいのは次のような四つのケースです。

①全体的に能力レベルが低調で、これから初めて能力開発に取り組もうとする人の場合。

②全体的に能力像が平板で、その人物を特徴づける強力な強みが見当たらない人の場合。

③能力レベルは十分だが、全体的に自己評価が低めで、早期に成功体験をし、自信を持ってもらう必要がある人の場合。

④その強みの能力が、担当職務の成功にとってキー能力（いわば成功的発揮能力、つまりキ

ー・コンピテンシー）となっている場合。

このうち①と②のケースは、何か一つでもやりやすいものから開発の端緒を開き、その成功体験をテコにして文字通りの強みを開発し、それを他の能力開発にも拡大していこうという考え方によります。

一方、弱みの改善の場合、弱みとなるにはそれなりの背景や原因があるわけで、思うほど簡単にできるものではありません。それなりの覚悟と手順が大事です。弱みの改善を薦めたいのは次のような三つのケースです。

①全体的に能力レベルは期待水準かそれ以上で、本来は現職務を担当する限り能力開発は特に必要ないが、欲を言えば他の仕事も想定してさらなる開発をしておくことが望まれる人の場合。

②その弱みとなっている能力が担当職務を円滑に遂行するうえで障害となる恐れがある人の場合。

③将来のキャリアアップを考えた時、その弱みがいずれはキー能力になることが見込まれ、中長期的視点から将来障害にならないように前もって改善開発をする必要があるよ

うな場合。

強みの開発と違って弱みの改善で特に重要なのは、開発ターゲットの具体言動を選択する際、つとめて開発しやすいものから始めることです。

いずれにしても開発ターゲットは、現職務への適性アップと将来のキャリア志向を睨《にら》んで決める必要があります。そのため会社が期待する能力像、自分の仕事に必要な能力像、特に自分の仕事でハイパフォーマーになるためのキー能力、つまり自分の仕事のコンピテンシー・モデルについての情報を得ることが大変重要です。

第四ステップ――具体的言動の設定

会社がマネジメント能力の一つとしてリーダーシップを指定しているとします。先に見てきたようにリーダーシップには様々な定義がありますから自社のリーダーシップの定義をよく確認し、理解することがまず大切です。つまりその行動特性を正確に把握することです。そこから考えられる具体言動（インディケーター）を明らかにします。

例えば傾聴力であればインディケーターは次のようなものです。

●相手の話を最後まで聴き、途中で遮らない。
●相手に話す機会を与える。
●相手の発言を促す。
●アクティブ・リスニングをする。頷《うなず》く、相槌《あいづち》を打つ、話し手の顔を見るなど非言語的行動を発揮し、体全体で聴く。
●理解や共感を示す。
●質問をして意図を確認する。
●同意や賛同を積極的に示す。
●相手の意見を要約して確認する。それからコメントをする。

これを見ればご理解いただけると思いますが、非常に重要な点は、インディケーターは、定義と違って、誰でもどんなことをすれば良いか直ちにわかる、きわめてわかりやすい具体性の高い言動を示すものだ、ということです。

一般的に言えば、対人能力領域や個人特性的能力領域のコンピテンシーは定義も混乱が少なく、具体言動の引き出しはさほど困難ではないと思われます。しかし意思決定能力領域の多くは定義自体が曖昧であったり、輻輳《ふくそう》したりしており、まずしっかり定義を読み取ることが肝心です。そこから論理的にアセスメント原則SABOと照らし合わせながら行動特性の抽出をします。その際にはテクニカル・スキルも必要です。

原則SABOとは、次のようなものです。

S（Situation）：どのような目的と状況下で、
A（Assignment）：どのような役割を担い、
B（Behavior）：どのような言動をとり、
O（Output）：どのような結果を得たか。

例えば、問題分析力の代表的なインディケーターには次のようなものがあります。

●表面化した問題現象だけでなく潜在問題に気づき、示す。
●問題の原因を聞いたり追究したりする。問題の因果関係を明らかにする、つまり問題の構造化をする。
●問題の全体像を捉え、わかりやすく描く。
●物事の相互関係、情報の繋がりに関心を払い、常に「なぜか」を自他に問いかける。
●問題の真因を探り、真の問題の仮説を立て、確かめる。
●論理的推論をして解決策を案出する。経験則も参考にする。

例えば「常に『なぜか』を問う」は特に知識がなくてもそこに関心を向ければ即実践可能です。しかし知識、いわゆるテクニカル・スキルとしての「問題学」（問題解決への論理的思考）を学習し、パレート分析法、フィッシュ・ボーン法、フローチャート法、原因結果分析法、目的展開法、KJ法などの分析手法を知っていれば、具体行動はより効果的に実践できます。知識、スキルは具体行動を支援、強化するわけです。

留意したいのはテクニカル・スキルの習熟は目的ではなく、あくまでも手段だということです。目的はそれらを使って効果的な問題分析・解決をすることです。ですから分析法をよく知っているからといって、さらに言えば、示された演習問題をうまく解いたからといって必ずしも問題分析力が強いとは言えないということです。実際に問題意識を持って仕事に向き合い、潜在問題に気づき、解決に強い意欲を示し、的確な分析をし、解決策を出すことこそが重要なのです。

第五ステップ――自己開発計画の作成

能力開発に取り組む際は、単に頭の中で開発の考えを持っているだけでは駄目です。能力開発の計画書を戦略的に策定し、文書化し、可視的な目標、基準とすることが大切です。

計画のフレームは以下の項目です。

①開発の目的は何か。どうなりたいのか。

②強みのさらなる強化は何の能力にするか。

③弱みの改善は何の能力にするか。

④それぞれの開発によってどんな姿、達成成果を期待するか。

⑤どれくらいの開発期間を設定するか。

⑥必要予算。

⑦組織、上司、周囲の人たちに期待する支援は何か。

⑧それぞれの能力の開発で挑戦する具体言動は何か。

開発計画を効果的なものにする重要ポイントは以下の四点です。

①開発内容を必ず具体行動レベルに落とし込む。能力項目に留めない。例をあげれば、「傾聴力の強化」に留めず、「人の話を途中で遮らない」のレベルにする。

②具体行動は取り組みは一つずつだが、計画では五～一〇個を目安に用意しておく。
③開発すべき具体行動はアセスメント原則SABOを踏まえて具体的に明示する。
④原則SABOのうち、特にSとAを明示する。例えば、予算を決める目的の会議（S）で、議長をやっている時（A）、などのように状況、機会、場の想定とそこでの自分の役割を明示する。

第六ステップ――実行計画と開発の実践

能力開発に当たってまず頭に刻み込んでおいて欲しいことは、「能力開発はてらうことなく言動の演技から始める。そして演技を実直に繰り返す」ということです。

言動のレベルには次の五段階が考えられます。

①知らない。
②知っているができない。
③意識して構えてやればできる時がある。
④意識してやればできる。
⑤意識しないでしている。

禅宗一派の曹洞宗の開祖、道元《どうげん》禅師は感謝を示す言動として、自分が感謝していることさえも意識せずに自然に赤子のように感謝を現す、それが至上の感謝であるとしていますが、まさに無意識の言動こそが理想の世界です。

はじめのうちは、恥ずかしさやてらいを捨てて真剣に構えて演技から入るほかないのです。そこを通らないと開発のプロセスには乗れません。勇気と粘り強さが必要です。

人の成長、能力の発達の説明を試みた仮説として役割期待説（E・ゴフマン）があります（『行為と演技—日常生活における自己呈示』誠信書房、一九七四年）。

人は舞台で演じるように、その役割期待を演じ、見られ、評価され、そのことを自覚・認識し、さらにうまくなろうと励み、やがてそれを自分のものにしていく。

舞台役者が自分の役どころを認識し、セリフを覚え、演技をするというのは、部長が組織の中でより良いマネジメントの担い手として機能しようとして能力開発に取り組み、ターゲット言動を覚え、演技をしてみる行為と同じと言ってもよいでしょう。やがてそれは自然な言動として身につき、自分のものになった暁には周囲から名部長と見なされることになるのです。

それでは、開発すべき具体言動について考えてみましょう。部長としての役どころを円滑に果たすために必要な能力（コンピテンシー）が仮に一二個あり、各能力を構成する主要な具体言動が五個ずつあるとすると、全部で六〇個の具体言動が俎上《そじょう》に載ることになります。

この中で実際に一層強化・開発したいものとして一能力で五個の具体言動、まだクリアできていない弱いものが三能力で一五個の具体言動、それに課長時代にすでにクリアすべきもので宿題になっているものが一能力で五個の具体言動があるとすれば、合わせて五能力、二五個の具体言動の開発が必要ということになります。その中から毎月一つを選び開発に挑戦するとすれば、都合二五ヵ月かかります。一サイクルが二年余の開発になります。

一サイクルが済んだら挑戦レベルをもう一段高いところに置き、さらにもう一サイクル挑戦すると一層大きな成果が期待できます。

一般的に言って言動開発は一つのコンピテンシーについて三つのキー言動を三ヵ月やれば他者の目にも変化がわかるようになります。これをさらに二年間継続して実践すれば、変身がはっきり見えてきます。

また、この間並行して分析法、戦略構築法、SL法、コーチング・スキル、説得法、マネジメント論などのテクニカル・スキルに関わる参考図書の精読も行うとより効果的でしょう。

第七ステップ――周囲からのフィードバック

能力開発で大事なのは成果の検証です。その効果的な方法は、他者のフィードバックを受けることです。まず思い切って身近にいる部下に自分の言動開発の取り組みについて話しておき、会議などの後に実際に狙いとする言動が観察できたか、効果的であったかについて評価・コメントをもらうのです。はじめは期待するほどの成果はあがらないものですが、意識的、計画的に粘り強く取り組めば間違いなく成果は出てきます。自分の認識と周囲の認識が一致してくれば目指すターゲット言動の開発成果が出てきた証です。自信を持って次の開発に挑戦していきます。

従業員五〇〇〇人を超える精密機械業界トップクラスの企業で部長の中から選《よ》りすぐりの二五名を集め、次世代経営職候補者の選抜と育成を目的としてアセスメントをしたときのことです。その中に設計開発現場の新任技術系部長であるK部長がいました。彼は総合評価はAクラス一二名に入ったものの、「判断力」に秀《ひい》でている一方で「決断力」に大きな課題がある、とのアセスメント結果が出ました。そこで彼は開発計画で、このかなり手ごわい決断力の開発に取り組むことになりました。

K部長は、様々な情報を集め、多くの視点から開発の是非を検討するスキルは申し分ありません。発想力にも富み、開発のアイデアも実に豊かです。しかし、部門として開発ターゲット・テーマを決める段階では、どういうわけか自己抑制が過ぎてなかなかきっぱりと決断できないのです。

実はアセスメントの個人面談でわかったことですが、小さいことでも断を下すのは上長であるワンマン取締役の専権事項になっていて、K部長はせいぜい部内協議でプラス、マイナスを論じる程度だったのです。典型的なのは三案を用意し、部長自身は白黒をつけず、白紙で三案を報告して終わるというものです。上長の取締役が部長の意見をあえて求めないので部長自身も自分の決断を示さない、そうしたスタイルが課長の頃からずっと続いていていて、いまではすっかりそのスタイルに慣れ、違和感も不満も感じていない、という状態でした。

K部長は、アセスメントを契機にこのままではいけないと痛感し、本気で開発を決意しました。そこでアセスメントのレポートとフィードバック面談の内容を精査し、決断力のどんな言動が不足しているのかを徹底的に洗い出し、開発ターゲット言動を絞り込みました。

その結果、K部長が決断力の改善開発のために設定した具体言動は次の通りです。

①上長には自ら進んで持論、自分なりの結論を表明する。

②部会議は合議一辺倒でなく、三回に一回は率先して自らの判断・叩き台を示し、それを揉《も》む。最初か中盤に必ず一回は持論・見通し・結論を示し、最後には自らの決断を明示する。

③様々な機会を活用し、いまこの時点では自分の決断は何か、という仮の意思決定を自ら内々に用意し、時々刻々自らの会議ノートに記す。

④従前以上に自らの考えをよく煮詰めて判断、決断に備える。例えば必ず持論の論拠を示し、判断を述べ、それに少々こだわってみせる。しかし、後でもし間違いに気づいたら率直に謝り、理由を説明して修正する。後での修正を恐れない。

⑤やむを得ず決断を先送りする場合はその理由と期限を示す。

⑥チャンスに伴うリスクを予測するだけでなく、自らの責任でそのリスクをとるか、どう対応するかを表明し、そのうえで上長と相談する。

Ｋ部長はこれらを六ヵ月間にわたって開発することにしました。Ｋ部長はこの間、フィードバックを次のような形で受けました。

●人事事務局のガイドに従って、まずアセスメント・レポート、フィードバック面談の結果を上長と共有し、決断力を開発テーマとする相談を持ちかけた。

●数日をおいて①～⑥の言動への絞り込みを報告し、上長の取締役からのフィードバックと支援を願い出た。

●部内にも会議のついでに開発への取り組みを表明し、メンバーの理解と支援を求めた。

●そして六つの開発言動について部下六人にそれぞれ特に注目してもらうよう頼み、毎月ターゲット言動について当該の部下にメンバーからのコメントを集めておいてもらい、それを一人ひとりから随時聞き、記録した。アフターファイブも活用した。

事務局にはアセッサーが六ヵ月間、毎月一回サポートに訪れ、Ｋ部長を始め一一人の開発の取り組みに関するコーチングとグループミーティングに当たりました。

次世代経営職候補者一二人の開発への取り組み、成果には多少ばらつきが見られましたが、K部長は目覚ましい成果をあげた一人でした。

開発スタート後三ヵ月で、「最近K部長は変わった!」の声がまず部外から出始め、木人の耳にも入るようになり、ますます励みになっていきました。六ヵ月のサイクルを二回回し、一年足らずのうちにK部長の決断力には大きな問題は見られなくなりました。その結果、以前からの持ち味であった判断力がより活かされ、視点を変えたいくつかの見方を示し、経緯をきちんと説明するので非常にわかりやすく、納得性の高い決定をする部長という評価が生まれました。安定した意思決定が自信を漂わせ、何を考えているのかがよくわかり、責任を取り、決して逃げない、そういう評価まで生まれました。

K部長が開発部門出身の取締役執行役にめでたく昇進したのは、このアセスメントの三年後のことでした。後日談ですが、「アドバイスにより部のメンバーに能力開発を公言し、フィードバックを頼んだのがいちばん大変だったけれど、それがまたいちばん効いた。部下自らの能力開発にも範を示すことができて良かった」ということでした。

ちなみに、欧米ではしばしば見られることですが、最近ではわが国でもできる経営者やマネジャーがさらなる能力開発を目指して専属コーチと契約・活用しているケースが出てきました。中には自腹でマイ・コーチをつけている管理職の人も散見されるようになってきました。キャリアアップを勝ち取ることに真正面から取り組んでいる例です。このエグゼクティブ・コーチングは、従来型の情報注入型のスキル研修や、ベテランが初心者を触発・指導するメンタリング、あるいは協創的なプロジェクト・ラーニングなどとも全く手法が違います。しばしばエグゼクティブ・アセスメントと抱き合わせで導入され、本人のマネジメント能力を自律的に引き出し、開発・強化するものです。今後、一層充実され、活用されることが期待されます。

第八ステップ――開発成果の確認と次なる開発ターゲットの設定

開発成果の確認は開発型のヒューマン・アセスメントを再度受ければ明らかにスコアの変化がわかります。経験的に言えば、三ヵ月間開発に取り組めばその差が観察可能で、二年間真剣に取り組めば、傍目にも変身がわかるほどになります。

ヨーロッパの一流ブランド・メーカーでは、日本を始め各国の現地法人のマネジャーを対象に、同一人に対してセンター・アセスメントと三百六十度評価を数年間にわたり交互に断続的に複数回実施しています。その評価結果は参加者本人、上司、人事部門（人事担当部長、能力開発担当部長）が一つの場で共有し、互いに開発成果を検証し、評価した外部アセッサーからのフィードバックと開発アドバイスを叩き台にして詳細かつ真剣な意見交換をします。最終的には本人が自律的に立てる能力開発計画に収斂《しゅうれん》させていくやり方で、能力開発、マネジャー育成に大きな成果をあげています。

アセスメントを再度受けなくても上司、同僚、メンバーなど周囲の人から、言動レベル（これは重要な点です）で折に触れてフィードバックしてもらえばかなり信頼できる検証情報を得られます。そして一つの開発に成功すれば取り組む際の要領がわかり、次々に開発に成功できます。どの開発が必要か、その難易も見えてきて開発はスピードアップします。

4　これからの部長像を目指して

人材像、能力像の変化

これまで一人ひとりの立場から能力開発、特に開発ターゲットの選定について述べてきましたが、このような個人の取り組みをより効果的なものにするために組織としてぜひとも対応してもらいたいことがあります（これは経営者、人事担当取締役や人事部長へのメッセージです）。

それは組織の人材像ないし能力像を確立し、その位置づけを明確化し、内容を公表することです。そしてそれをＨＲＭ（Human Resource Management：人的資源管理）、ＨＲＤ（Human

Resource Development：人的資源開発）に連鎖させて戦略人事を充実させることです。

筆者はこれまで多くの企業でマネジメント・コンサルティングのお手伝いをする機会を得て、その都度人材像、能力像に関心を払って見てきました。そして以前に比べて能力像の持つ意味合いが、お飾り的な単なる期待像ではなく、実質的、戦略的な意味合いを帯びてきていることを痛感しています。それが、採用から役員選抜基準まで何らかの形で連鎖して運用されているケースが多くなったのを実感しています。大変素晴らしいことだと思います。

こうした人材像、能力像の理想的な姿を整理してみると次の通りです。

①まず組織バリューなど組織のアイデンティティに直結するものとして人材像があり、能力像はそれを具現化している。さらに経営方針や経営戦略などのレベルでも連鎖している。コンサルタント会社の提案する一般的なモデルに満足せず、自社なりの独自性を持っている。
②能力像は、全社の管理者に共通する全社管理者モデルのほか階層別、職群別に複数設定されている。
③能力像は昇格や人事考課の能力評価にも連動し、人事管理や人材開発の政策の連結基

盤として位置づけられている。
④能力像は特に、採用基準などにはもちろん、次世代後継者育成など短期的、あるいは長期的にも戦略人事政策のベースとなっている。したがって能力像は戦略の変更に合わせ概ね中期的に見直されている。
例えば、現職部長職用のほかに将来のエクセレント・マネジャー用（次世代経営管理職用）を用意し、使い分けている場合がある。
⑤能力像が人事ないし経営トップのマル秘情報として扱われず、広く組織内で共有され、認知されている。そして、それが組織成員の自己開発、キャリア開発の参考指標にもなっている。

本来、能力像は人材戦略、ひいては経営戦略に直結する重要なものですが、現実には右のような姿からは程遠いケースがあるのは残念なことです。

能力像を伏せておいて「能力開発型のアセスメント研修」を謳うケースにしばしば遭遇しますが、それはまさに「看板に偽りあり」です。業界で超一流といわれる企業でもそうしたケースがあります。残念なことです。

能力像のセグメント

現在ではまだ多くの企業が全社共通の管理職能力像しか用意していません。しかしこれは、いささか乱暴な話です。今後はせめて階層別と、職種別、例えば最低でも管理職、専門職別の大まかな区分けをして必要最小限の複数の能力像を用意する必要があります。あるいは能力像は一つであっても、職種によって個々の能力のウェイトづけを変えて運用する方法もあるでしょう。例えば営業部長適性値、専門職部長適性値等々の情報を得てHRMに活用した例も散見されます。

現在、わが社では単独や世界的なコンサルティング・ファームとの協働でいくつかの業界トップクラスの企業の役員候補者のアセスメントを実施しています。さすがにそこでは「一般的な能力像でやってもらっていい」というのは皆無です。各社の特性、文化、戦略を反映した能力像を設計して実施しています。ただし取締役の人材像、能力像をはなから直ちに明示してもらえるケースは少なく、トップをはじめ取締役選考委員会や人事部の意向を踏まえ、相談しながら固めていく場合がほとんどです。

役員候補者のアセスメントをするような企業は人事政策の先進性はもちろん、経営の戦略性、革新性、合理性、公平性、公開性などの点で先端を行くような組織ですが、右のような状態からすると経営職のマネジメント能力の開発にはまだ課題が多く残っているように思われます。

できるマネジャーはここが違う

近年厳しい経営環境の下で部のミッションを全うするのはかつてよりも難しくなっています。部長には年々一段高いマネジメント能力が求められてきています。中でも鍵を握っているのが意思決定能力（狭義）です。具体的に言えば「目的達成のために何を、なぜするのか」の適解を素早く産み出す能力です。この能力の装備こそできるマネジャーの第一要件です。その代表的なコンピテンシー（発揮能力）をあげておくと、環境認識力、問題分析力、洞察力、判断力、決断力、革新力、創造力などです。

ついでながら意思決定（狭義）を成果に繋げるための具現化とバックアップの機能を持つのが計画管理領域で、これは意思決定能力（広義）のもう一つの領域です。優先度設定、手順化や組織の最適化をはかる計画力・組織力がその代表的なもので、内外環境を見ながら経営成果を最大化する経営資源配賦《はいふ》力、さらには計画を適切に進捗《しんちょく》管理し、間違いなく成果をあげる業務管理力なども含まれます。ビジョン構築力や戦略設計力は意思決定と計画管理の両者の間に位置しますが、やや後者に近いと考えられます。これらもできるマネジャーには必須です。

ともあれ、**現在および将来の目的達成のためになぜ、何をするかを産み出す能力が最重要で、これとその周辺の能力である計画管理能力ができる部長の基本的な能力として位置づけられます。**

これからの部長のあり方

これからの部長のあり方については、第二章の「部長と課長との違いとは」の節でも述べましたが、それも踏まえてここでこれからの部長像として、次の四点をあげておきます。

これからの部長の理想像は明快です。まず一点は、たとえ取締役執行役の任にはなくても、若干狭い領域に対してほぼ同じ役割機能を果たす存在であるべきです。ましてや課長職の代表格にとどまる存在、あるいは課長職の管理統制や支援をするような、本質的には課長の機能と同じ存在であれば、存在価値はどんどん小さくなっていくでしょう。部長は、経営者により近い存在に向けて自己革新が求められています。

第二点は、改革のイニシアチブをとり、その主役、推進役となることです。これからの優れた組織は、基本価値を大事にしつつ、常に合目的的に変身していく存在です。組織が自らのアイデンティティを大事にしながらしぶとく生き残っていくためには、環境条件の変化に合わせて自らも一定の変身をすることが避けられません。組織の中にあってそうした変革・変身のイニシアチブをとり、関係者や部門を巻き込んで推進していく役目は部長にあります。部長は多少とも経営の大局観を持ちえる立場にあり、同時に成果志向をもって現場を実践的に捉えることができる位置にあるからです。

現場では日夜改善に取り組んでいますが、現場に囚われて状況を一変させるような大胆な変革の可能性には考えが及ばなかったり、悪くすれば過去に囚われて「組織ボケ」をきたしている場合がないとは言えません。

部長はそうした中で「新しい状況づくり」と「自部門の変革の方向づけ」の任に当たることを期待されているのです。つまり**「部長の役割の真髄は改善して守ることではなく、改革し変えて攻めること」**です。改革に無縁の部長は、いずれ存在価値を失うことになるでしょう。

改革に必要な能力は、前記の意思決定能力の他に変革力、それに関連して強い目的志向性、挑戦力、ビジョン構築力、戦略設計力、メッセージ力、胆力などです。

第三点は、価値創造者として機能することです。これからの管理職の存在価値は、組織が目指す目的の達成にどれだけ貢献したかという点で決まります。その目的とは突き詰めれば、新たな企業価値を創造することです。収益、社会貢献、事業モデル、商品、サービス、顧客、ブランドなど様々な面で従来以上の価値を創造していく際に、部長がそこにどれだけ貢献できるかです。このような観点から部長を見るとき果たして何パーセントの人がクリアできているでしょうか。部長のあり方は今後一層厳しく見直されることになるでしょう。

付加価値創造に関わるコンピテンシーは、創造力が中心ですが、それに関連して論理力の一部、例えば洞察力、環境認識力、問題分析力、判断力、適応力、顧客志向性などが絡んでいます。

さらに第四点として、これからの部長には、第二章で見たように、非常時に、豊富な経験と広い視野に基づく判断力を活かして課長を超える役割と存在感を示すことが重要な役割としてあげられます。非常時に部長に求められる役割は次の三点に要約されるでしょう。

①トップの迅速な意思決定の支援の役を果たすことです。非常時に最も重要なトップの決断と実行を実現するには、参謀の迅速な能力発揮が必要です。鍵となる迅速な情報収集、迅速な判断、迅速な構想設計の能力を磨き、その担い手となることです。特に、迅速な判断を可能にするのは切れ味の鋭い分析力、論理的考察力で、これをしっかり磨い

て備えたいものです。
②あらかじめ定められた自らの役割分担遂行を基本にしながらも、空白、隙間、重複を発見し、状況判断によっては分限を超えて、イニシアチブとリーダーシップを発揮して自らの責任において統治、命令、調整する気概を持つことです。
③迅速な判断、決断、それに実行指令、この三拍子の発現には、右の様々な能力に加えて、非常時にこそ強く要請される持論を貫く自律性が必須で、その涵養《かんよう》が重要です。

5　能力開発は誰でもできる

能力開発の三命題

本書はあなたのマネジメント能力の開発を支援することを目指してきました。自己開発、さらには自己革新に自信を持って取り組んでいただきたいというのが願いです。これまでの内容をご理解いただければ筆者の願いは多少とも叶《かな》えられたのではないかと思いますが、いかがでしょうか。

では、次の三つの質問について答えながら振り返っていただきたいと思います。

あなたのマネジメント能力を開発する三つの命題
質問①：あなたのマネジメント能力をよりよく知っているのは自分ですか、他人ですか。なぜそう思いますか。
質問②：あなたのマネジメント能力は測定できますか。
質問③：あなたのマネジメント能力は開発できますか。なぜそう考えますか。

質問①はマネジメント能力とは発揮された実際の言動特性であり、考えや思いや知識ではないので他人のほうがよく見てわかっている、というものでした。付け加えるなら、多くの場合、自分の能力は傍から見れば自分が思ったほど高くはない、それを率直に受け入れることが開発の第一歩になる、というものでした。

質問②はマネジメント能力とは目的をよりよく達成する言動特性であり、その評価は、実はマネジメントのシミュレーション演習をやってもらい、その言動特性を専門的に観察評価する、つまり期待する言動の発現度合いや、その効果性など質的な面を見て評価できる（センター・アセスメント方式）、あるいは職場の周囲の人たちによる多面観察評価で把握できる（多面観察方式）、ということでした。

質問③は、マネジメント能力は結局のところ目的達成に向けて考え行動して何とか結果を出そうとする言動特性ですから、その能力がどういう言動群なのかを体系的、具体的に知り、身につければ開発できる、ということでした。

マネジメント能力をカリスマ性に求めたり、あるいは生来の資質的なもの、性格的なものに結びつけたりすると、「わかってはいるけれど変えられない」ということになりますが、そういうものではないのです。能力開発とは効果的な言動に変えていくことです。このように考えれば「私も能力開発できそうだ、私も変われそうだ」と思えてくるはずです。

開発できない能力はない、開発できない人はいない

マネジメント能力はどんな能力でも、誰でも、いつでも、何歳になってでも、開発できる、これは私の信念ですが、よく考えてみれば当たり前のことです。なぜなら能力とは目的を達成する行動特性であり、それは自分の意志で変えられるものだからです。

また確かに一部の能力は二〇歳代から、あるいは四〇歳前後から下がりはじめます。しかし多くのマネジメント能力は六〇歳代になっても高い水準を維持し続け、一部はさらに上昇し続けるものであることがわかっています。

ある言動を開発しようと真剣に、計画的に取り組めば、年齢に関係なく必ず開発できるという事実は私たちを大いに勇気づけてくれます。開発が容易でないものはあっても開発できない能力は決してない、これは私の経験則であり、信念です。

最後に次の言葉をご紹介してこの本を終えたいと思います。

人生とは、自らの存在価値を証明する闘いの旅である！
認めてもらいたい人から認めてもらう、そして最後は自分が自分を認める旅である！

確かに人生のどんなステージを切り取ってみても、私たちはその時々に誰かに自分を認めてもらいたいと思ってがんばってきたことを実感します。認めてもらいたい相手は幼少時の親から始まり、友達、先生、異性、家族、上司、組織、社会へと広がってきました。そして最後は、自分自身です。「自分自身を認める」、それができれば自分の人生に納得ができるということではないでしょうか。そこをゴールに「私自身の能力開発」に挑戦を続けていきたいものです。

おわりに

筆者は約三五年前、ヒューマン・アセスメントに出合い、それ以来付き合ってきましたが、ヒューマン・アセスメントとは他の領域のコンサルティングに比べ、なんと人間らしく、そして奥が深いものかと感じています。そこには発見、未知との遭遇、怒り、落胆、安堵《あんど》、挑戦、喜び、感動などが溢《あふ》れています。

ヒューマン・アセスメント研修では多くの場合、最終日もしくは後日に結果のフィードバックを参加者本人にするのですが、この時ほどアセッサーとして喜びを感じる時はありません。参加者の納得、開発意欲、感謝等々の言葉に接することができるからです。「自分の能力の強み、弱みが本当に鮮明になって心底納得できた」「これまで能力開発といっても判然としなかったのが、何にどう取り組めばよいのかが本当によくわかった」「これまでのどの研修にもまして自分の将来に本当に役に立った。感謝、感謝です」。

筆者はそのような感動の体験を重ねるにつけ、何とかこれをもっと広く多くの人にわかってもらい、能力開発に役立ててもらえるようにしたいという考えを強くしてきました。そして仕事の合間にメモしておいたことを、このたびようやく本にすることができました。

現在、経済・産業の構造が激変する中で、企業は相次ぐ変革を迫られ、経営改革の波に洗われる中、部長の役割もまた大きく変身を迫られています。今や部長はかつてない厳しい人事評価に晒されています。部長の処遇コストは高いので当然とも言えますが、それをクリアして生き残るにはマネジメント能力を高めるしか道はありません。

多くの部長がそれなりに挑戦してはいますが、実際どうすれば良いのか本当にわかっている部長はそう多くはないと思われます。そうした彼らの要望にしっかり応えたいのです。そしてしっかり実践してもらって、どんどんできる部長に脱皮・変身してもらいたい、それが筆者の真の願いです。

もはや学歴、資格や経歴・経験で部長の仕事ができる時代ではありません。時代が部長に求めるマネジメント能力こそが鍵を握っています。親会社が鈍い動きのせいで次第に不調になり、代わって子会社や孫会社がのしあがり、グループを牽引《けんいん》している、という例は珍しくなくなりました。人材の面でもかつて子会社に出向させられた部長が、一念発起して修羅場体験で腕を磨き、マネジメント能力の革新的開発に挑戦する、そして瞬《また》く間に業績を立て直しキャリアアップし、ついには親会社に戻って社の舵取《かじと》りをする位置に返り咲く、そういう人材革命が実際に起きていることをアセスメントの現場でいくつか目にしてきました。

これを機にぜひあなたのマネジメント能力開発に取り掛かって欲しいのです。

最後に、本書の出版は講談社現代新書の田中浩史出版部長の数度に及ぶ貴重なアドバイスに大きく与《あずか》っています。衷心《ちゅうしん》からお礼申し上げます。また出版の契機を与えてくれた大学の級友で静岡産業大学の山﨑克雄教授にも心から感謝する次第です。

二〇一三年一〇月

米田　巖

参考文献

○齋藤嘉則『問題解決プロフェッショナル「思考と技術」』ダイヤモンド社、一九九七年
○佐藤幸一『会社を根本から活性化させる史上最強の人材評価システム』第二海援隊、一九九八年
○佐野勝男、槇田仁『精研式文章完成法テスト解説―成人用』金子書房、一九九一年
○佐野勝男、槇田仁、関本昌秀『新・管理能力の発見と評価―パーソナリティからの新しいアプローチ』金子書房、一九八七年
○重野純・編『心理学』新曜社、一九九四年
○田尾雅夫『組織の心理学』有斐閣ブックス、一九九一年
○高橋俊介『人材マネジメント革命―ポスト終身雇用　自由と自己責任の新人事戦略』プレジデント社、一九九四年
○高橋俊介『キャリアショック―どうすればアナタは自分でキャリアを切り開けるのか？』東洋経済新報社、二〇〇〇年
○二村英幸『人事アセスメントの科学―適性テスト、多面観察ツール、アセスメントセンターの理論と実際』産能大学出版部、一九九八年
○槇田仁『パーソナリティの診断Ⅰ・Ⅱ』金子書房、一九九五年
○吉田俊和、松原敏浩『社会心理学―個人と集団の理解』ナカニシヤ出版、一九九九年
○米田巌・筆責「『個』の職務能力の把握と人材戦略への情報を提供する多面観察評価システム『リフレクター』」『企業と人材』二〇〇〇年二月二〇日号、産労総合研究所
○ハーミニア・イバーラ『ハーバード流キャリア・チェンジ術』翔泳社、二〇〇三年
○ゲイリー・A・ウィリアムズ、ロバート・B・ミラー「ビジネス説得術」『HBR』二〇〇二年九月号、ダイヤモンド社
○ジェームズ・ウォルドループ、ティモシー・バトラー「有能な人材の『悪癖』を取り除く方法」『HBR』二〇〇一年三月号、ダイヤモンド社

○V・オブライエン『MBAの経営』日本経済新聞社、一九九六年
○ディビッド・A・ガービン、マイケルA・ロベルト「プロセス重視の意思決定マネジメント」『HBR』二〇〇二年一月号、ダイヤモンド社
○バーバラ・ケラーマン「悪徳リーダーに学ぶもの」『HBR』二〇〇四年四月号、ダイヤモンド社
○E・ゴフマン『行為と演技—日常生活における自己呈示』誠信書房、一九七四年
○ジェームズ・C・コリンズ、ジェリー・I・ポラス『ビジョナリーカンパニー—時代を超える生存の原則』日経BP出版センター、一九九五年
○ジェイ・オールデン・コンガー「説得力の思考技術」『HBR』二〇〇一年九月号、ダイヤモンド社
○エドガー・H・シャイン「学習の心理学」『HBR』二〇〇三年三月号、ダイヤモンド社
○クイン・スピッツァ、ロン・エバンス『問題解決と意思決定「ケプナー・トリゴーの思考技術」』ダイヤモンド社、一九九八年
○スコット・W・スプライア他「達成動機のマネジメント」『HBR』二〇〇六年一一月号、ダイヤモンド社
○ライル・M・スペンサー、シグネ・M・スペンサー『コンピテンシー・マネジメントの展開』生産性出版、二〇〇一年
○ノエル・M・ティシー、メアリー・A・ディバナ『現状変革型リーダー—変化・イノベーション・企業家精神への挑戦』ダイヤモンド社、一九八八年
○ピーター・F・ドラッカー『現代の経営㊤・㊦』ダイヤモンド社、一九九六年、二〇〇六年
○ピーター・F・ドラッカー『チェンジ・リーダーの条件』ダイヤモンド社、二〇〇〇年
○ピーター・F・ドラッカー『マネジメント—基本と原則』ダイヤモンド社、二〇〇一年
○ピーター・F・ドラッカー「プロフェッショナル・マネジャーの行動原理」『HBR』二〇〇四年八月号、ダイヤモンド社
○ピーター・F・ドラッカー『ドラッガーの遺言』講談社、二〇〇六年
○ピーター・F・ドラッカー『ポスト資本主義社会』ダイヤモンド社、二〇〇七年

○Bill Torbert and Associates, *Action Inquiry : The Secret of Timely and Transforming Leadership*, Berrett-Koehler Publishers, 2004
○ジェラルド・ナドラー、日比野省三『ブレイクスルー思考―ニュー・パラダイムを創造する7原則』ダイヤモンド社、一九九一年
○デイビッド・Ａ・ナドラー「ＣＥＯ交代のマネジメント」『ＨＢＲ』二〇〇七年三月号、ダイヤモンド社
○ロジャー・フィッシャー他『ハーバード流交渉術』ＴＢＳブリタニカ、一九八二年
○マイケル・Ｅ・ポーター「戦略の本質」『ＨＢＲ』一九九三年三月号、ダイヤモンド社
○デイビッド・Ｃ・マクレランド、デイビッド・Ｈ・バーナム「モチベーショナル・リーダーの条件」『ＨＢＲ』二〇〇三年四月号、ダイヤモンド社
○ヘンリー・ミンツバーグ他『戦略サファリ―戦略マネジメント・ガイドブック』東洋経済新報社、一九九九年
○ヘンリー・ミンツバーグ「戦略プランニングと戦略思考は異なる」『ＨＢＲ』二〇〇三年一月号、ダイヤモンド社
○Ｈ・メドウズ他『成長の限界―ローマ・クラブ「人類の危機」レポート』ダイヤモンド社、一九七二年
○Ｔ・レビット『レビット教授の有能な経営者―欠くべからざる「三つの仕事」の視点から』ダイヤモンド社、一九九八年
○カール・Ｅ・ワイク「『不測の事態』の心理学」『ＨＢＲ』二〇〇三年一〇月号、ダイヤモンド社
○ＤＩＡＭＯＮＤ ハーバード・ビジネス・レビュー編集部編訳『コーチングがリーダーを育てる』ダイヤモンド社、二〇〇六年
○ヒューマンバリュー編著『コーチングの技術―部下の学習能力を最大限に引き出す新しいマネジメント手法』オーエス出版社、二〇〇〇年

N.D.C.336　226p　18cm
ISBN978-4-06-288236-1

講談社現代新書　2236

部長《ぶちょう》の資格《しかく》　アセスメントから見《み》たマネジメント能力《のうりょく》の正体《しょうたい》

二〇一三年一一月二〇日第一刷発行

著　者　米田《よねだ》巖《いわお》　

発行者　鈴木　哲

発行所　株式会社講談社

東京都文京区音羽二丁目一二―二一　郵便番号一一二―八〇〇一

電　話　出版部　〇三―五三九五―三五二一
販売部　〇三―五三九五―五八一七
業務部　〇三―五三九五―三六一五

装幀者　中島英樹

印刷所　大日本印刷株式会社

製本所　株式会社大進堂

定価はカバーに表示してあります　Printed in Japan

「講談社現代新書」の刊行にあたって

教養は万人が身をもって養い創造すべきものであって、一部の専門家の占有物として、ただ一方的に人々の手もとに配布され伝達されうるものではありません。

しかし、不幸にしてわが国の現状では、教養の重要な養いとなるべき書物は、ほとんど講壇からの天下りや単なる解説に終始し、知識技術を真剣に希求する青少年・学生・一般民衆の根本的な疑問や興味は、けっして十分に答えられ、解きほぐされ、手引きされることがありません。万人の内奥から発した真正の教養への芽ばえが、こうして放置され、むなしく滅びさる運命にゆだねられているのです。

このことは、中・高校だけで教育をおわる人々の成長をはばんでいるだけでなく、大学に進んだり、インテリと目されたりする人々の精神力の健康さえもむしばみ、わが国の文化の実質をまことに脆弱なものにしています。単なる博識以上の根強い思索力・判断力、および確かな技術にささえられた教養を必要とする日本の将来にとって、これは真剣に憂慮されなければならない事態であるといわなければなりません。

わたしたちの「講談社現代新書」は、この事態の克服を意図して計画されたものです。これによってわたしたちは、講壇からの天下りでもなく、単なる解説書でもない、もっぱら万人の魂に生ずる初発的かつ根本的な問題をとらえ、掘り起こし、手引きし、しかも最新の知識への展望を万人に確立させる書物を、新しく世の中に送り出したいと念願しています。

わたしたちは、創業以来民衆を対象とする啓蒙の仕事に専心してきた講談社にとって、これこそもっともふさわしい課題であり、伝統ある出版社としての義務でもあると考えているのです。

一九六四年四月　野間省一